慢慢看

慢慢看：一个人的博物馆

董彬 著

在异彩纷呈的

博物馆里

我们与各种文物、人物相遇着

如果一切

只是按“参观”的方式互相认识

未免太遗憾了

在

通往西域的路上

大概

发生过一万次的物品流动

才会有

一首诗歌被记录下来

故

我们所见的每一件文物

都是

连接过去和现在的时空隧道

每次去的博物馆

就是

人们穿越历史的一座座驿站

慢慢看

慢慢看：一个人的博物馆

董彬 著

北京出版集团
文津出版社

序

一个人的博物馆——慢慢看

单霁翔

一次我和董彬在故宫见面，聊了好久。临走时，他送了我一本他写的关于吴哥窟的书。我跟他说，希望他多写写故宫，这里面的故事一辈子都读不完。一年多之后再见，他又送给了我这本《慢慢看》，比上一本厚，记录的都是他去过的博物馆和看过的展览，看来他去了不少地方。

我很高兴和年轻的董彬有一种共同的热爱——热爱博物馆，也想让更多的人愿意走进博物馆。中国当下确实掀起了“博物馆热潮”，但这还没能让“走进博物馆”完全成为人们的一种日常生活方式。我希望这本书的内容能吸引更多的人走进博物馆，来探寻历史、享受艺术、丰富生活、愉悦心情。

《慢慢看》共有九个篇章，字里行间，收集起的蛛丝马迹，让文物有了表情和温度，也指向了一般人在参观时容易忽略的细节。这不仅仅是讲故事，也引出了很多问号。正是这些问题，带我们寻到并推开了通往未知世界的一扇门。

展览，是博物馆与观众最直接的交流形式，故宫博物院就是如此，在这古老的宫墙之中，通过一个又一个的展览，与观众对话，与历史对话。这些年，全国新诞生的博物馆数量很多，我们确实也有经济实力建设更多的博物馆，也可以策划出更多的展览，但我觉得还应该关注的是，如何将博物馆文化融入人们的现实生活之中。

人类迄今已经走过了长达数百万年的历程，已创造了数千年的文明，诞生了文字、工具、城市，诞生了天文学、医学、数学、哲学等诸多学科。事实证明，一个没有文化依托的民族是走不远的。无论是一个民族，还是一个国家，若想得到尊重，不仅离不开经济、科技、军事的硬实力，更离不开文化的软实力。在文化面前，在历史面前，每一个后来人，无论品阶高低或是贫富差异，都有好奇张望的权利。所以，慢慢看，每个文物的背后，都隐藏着一段非凡的经历。

董彬的书名很有意思，“慢慢看”，这是一种态度，也是一个必要的审美过程。我是故宫的“看门人”，我希望每一个“进门人”都不要太着急，不要带着事先太多的成见或者想象，都能慢慢走，慢慢看，多看几遍，流连忘返。

我永远记得2015年故宫博物院90岁华诞时的情景。90年来，故宫从“宫”变“院”，从皇家禁地变成公共博物馆。为了庆祝院庆，我们推出了18项展览，尤其是“石渠宝笈特展”，虽然时间只有两个月，但展出了《清明上河图》《伯远帖》等名品。观众们真是不惜排好几个小时的队前来观展。清晨，红色的宫门一打开，等待已久的人们便分组排队按照顺序步入展厅，真是一厘米一厘米地仔细观看展品，迟迟不愿离去。

这些年来，故宫博物院始终努力通过古建筑维修保护、室内外环境整治来扩大开放。慈宁宫成为了雕塑馆，南大库成为了家具馆，箭亭成为了武备馆，钟粹宫成为了古琴馆，东华门成为了古建馆、端门成为了数字馆。雁翅楼、东华门成为了大型临时展厅，长年举办引人入胜的国内外临时展览。建福宫花园、慈宁宫花园相继实现接待，同时东长房成为了文化创意馆，冰窖成为了观众服务中心，以及故宫城墙的开放……所有这一切，就是为了让来故宫博物院参观的每一位尊贵的客人，都能慢慢看，舒心地看。

目前，故宫博物院有文物藏品1862690件（套），其中90%以上是国家定级的珍贵文物，占全国博物馆收藏珍贵文物的40%以上。这里的每一件文物都可以讲述生动的故事，如果参观者没有能够对这些文物感兴趣，那可能是因为观赏时行走得过于匆忙。如何弥补这一遗憾，董彬的《慢慢看》，也许能帮到你。

2020年9月3日

目录

Feder von
v. Fischer'sche Sammlung.

我想我会飞

35亿年前，地球上的所有生物的“共同祖先”单细胞生物出现了；5亿多年前，一条小鱼出现在海洋中；3.75亿年前，一些不可思议的动物们试探性地离开水面去征服陆地；1.45亿年前，巴伐利亚潟湖的上空，始祖鸟掉落了一片羽毛……生命是一场诗意的旅行，但人生无往不在枷锁之中，从自由选择的意义上来说，飞翔一直就是人类最高的梦想。我们幻想出了会飞的天使，也把神鸟当作图腾，从风筝、热气球再到各种飞行器，从古至今的人们都乐此不疲地寻找着去往天空的方法。人类这么想上天，可是为什么没有长出翅膀呢？

因为工作的关系，最近到北京自然博物馆的次数多得让自己惊讶，我和恐龙化石依依相望，很怀疑自己对当下火热的生活已经没兴趣了，就像是在游乐场里坐着“激流勇进”，却困得直打哈欠。

这次我看的展览是北京自然博物馆的“飞行的奥秘”，面对眼前一个个远古时代的展品，我矫情地觉得诗人海子有一句话深合我意：远在远方的风比远方更远。可能这就是我一直喜欢化石的原因，无论当初的灵魂多么诱人，体形多么威猛，眼前这块冰冷的石头，总会提醒你从何而来。

飞行，一直是人类的梦想，当然我不能代表全人类，我只知道自己还挺爱坐飞机的，9000米的高空，即便买的是打折机票，但是依旧可以不打折地欣赏蓝天白云。

和时下的低头族不一样，人类祖先仰望天空里展翅翱翔的雄鹰时，也一定想给自己插上一对翅膀。别说翱翔的鹰了，空中的小鸟、身边的昆虫、飘浮的蒲公英，还有天空飘浮的云，都足以引起我们对飞行的幻想。长沙马王堆汉墓出土的帛画上有嫦娥奔月，古希腊神话中的代达罗斯父子插翅逃亡，《山海经》里奇肱国人乘飞车出行。至于我，是个心灵单纯的孩子，就喜欢撕作业本上的纸，折个纸飞机，飞得满教室都是，然后就认为没纸写作业了，太幼稚了。

为什么鸟儿就能飞，人怎么就不行呢？是没长翅膀，还是没长羽毛？

估计正常人都思考过这个问题。据说不借助工具，没人能在空中滞留超过1秒，什么“左脚踩着右脚，真气一沉，就用手揪着头发一提……”练习这类“功夫”的朋友就可以直接劝退了。我看过的一个电视节目说，飞人乔丹的滞空时间是0.78~0.92秒。地球上最优秀的篮球运动员不过如此，人还真是个“脚踏实地”的动物。

并非所有的鸟儿都能飞，而能飞的也不全是鸟，比如蝙蝠，还有昆虫，大多数的昆虫都能飞，甚至有些昆虫的飞行本领比鸟儿强得多。

小时候，我曾经非常坚持我在路边的花坛里见过蜂鸟，翅膀振动快得眼睛都看不清楚，还像直升机一样在空中悬停、前进、倒退，关键是它在不停地吸食花蜜。我的天哪！这一定就是蜂鸟，大自然的杰作，这事必须写进作文里。可直到上了大学，我才知道那不是蜂鸟，而是一种大型的蛾子——天蛾科长喙天蛾属的“蜂鸟鹰蛾”，用我姥姥的话来说，就是“扑棱蛾子”。真正的蜂鸟远在大洋彼岸的美洲，图书馆里的书上白纸黑字：最小的蜂鸟不足2克，用分叉的舌头吸食花蜜，每秒翅膀振动70~80次，活动时心跳每分钟1000多次。

虽然认错了对象，但我还是从中体会到了生命的热情。这种热情，无法阻挡，就像是那些在雾霾天里，还坚持跳广场舞的叔叔阿姨们，如入王国维先生所说的“无我之境”。

会飞的动物，远远比愚蠢的人类想象的多，赞美伟大的造物主！推演一番，第一只在空中飞的鸟，一定带有点高冷孤独症的趋势，就如同第一次直立行走的人，周围异样的眼光能杀死你：嘚瑟，咋不上天，小样的摔不死你。不过，一开始飞翔的鸟，其实是飞不高的，想摔死很困难，最多脚上沾点泥，身上掉几根毛而已。可就是这根羽毛，一掉就是1.45亿年。

1860年，人们在德国南部的巴伐利亚州的索伦霍芬（Solnhofen）发现了一块和当今鸟类羽毛结构很类似的羽毛化石，而当地的石灰岩已经有1.45亿年的历史了。没多久，古生物学家们又在附近的岩层中发现了一件没有头的化石标本，不完整，但有一对长羽毛的翅膀，不仅如此，化石显示着这个生物全身都有羽毛，指端还有弯爪。

天知道一根羽毛变成化石有多难。鸟的体重基本都很轻，骨骼就是个空心脆，而且鸟有很大部分时间都耗在空中，只有死了之后才落到地上或沉入水底，特别不利于羽毛的留存，况且大部分动物的结局都是被其他的动物消化掉。

可大自然的神奇就在这里，“不见五陵豪杰墓，无花无酒锄作田”。你永远不知道脚下的土地曾经发生过哪些匪夷所思的事。亿万年前的侏罗纪晚期，巴伐利亚的索伦霍芬就是一片礁石围绕的潟湖，湖底沉积的是大量细泥，一旦有动物沉到湖底，马上就在重力作用下被泥浆掩埋，再过个千千万万年，矿物质渗入有机体，就成为了化石。

看着眼前这块残缺的化石，巴伐利亚的学者们激动得无法言语，就当是一场梦，醒了很久还是很感动。它兼具爬行动物和鸟类的双重特征，口中有牙，身后有尾，全身羽毛，掌骨和腕骨愈合……他们将这种具备鸟类特征的动物，称为“古老的翼”，咱们国人称为“始祖鸟”。

包括那支单羽，这些珍稀的化石现在一共出现了十来件。而始祖鸟是鸟类祖宗这件事被大多数人都认可了，甚至有个著名户外品牌也用这块化石的形状作为LOGO，这个牌子的冲锋衣好不好用我不知道，它卖得很贵，我就是冻死也买不起。不过，我忍不住多说一句，在户外穷游的时候，我遇到过不少有“神话大自然”倾向的人，跟他们挺聊得来，其实我知道神话任何事情都是狭隘的，但神话大自然，总比神话某些大人物好得多。

化石，绝不是一本沉闷的书，注意力一分散就续不上了，值得反复地看，仔细地看，可是真看明白了，就会让人唏嘘不已。

就在20世纪80年代，在辽宁朝阳地区，人们接连发现了几十具生活于距今1.3亿—1.2亿年前的白垩纪早期的生物化石，化石不仅完整，种类也多，外形跟始祖鸟类似。此后一直到90年代，在辽西的“热河生物群”范围内，仅发现的鸟类化石就有上千件，有圣贤孔子鸟、原始中华龙鸟、三塔中国鸟、赵氏小盗龙、北山朝阳鸟、长趾辽宁鸟、娇小辽西鸟、燕都华夏鸟等。

是的，我们头顶的天空从来就不寂寞。就算现在城里确实没什么鸟了，可是有“大灰机”呀！一架飞机迫降在哈德孙河上，另一架飞机就正飞越昆仑山脉，还有更多的飞机等待着升空和降落，天高是任鸟飞的。

随着研究不断深入，人们发现，尽管始祖鸟还是公认的鸟类始祖，但质疑声音从来就没断过。1996年8月，辽宁省的一位农民兄弟捐了一块化石标本，它体形很小，但形似恐龙，嘴上有粗壮锋利的牙，尾椎也特别长，后肢粗壮。此外，最吸引人之处就是它从头到尾都覆盖着羽毛一样的皮肤衍生物。由于是在中国发现的，它的名字也有中国特色——“中华龙鸟”。

中华龙鸟保留了小型兽脚类恐龙的一些特征，也有鸟类的一些基本特征。龙鸟的“羽毛”呈片状，还有羽轴，算是世界上第一个保存下来的羽毛过渡结构，还有类似单根纤维的毛状结构。它可比德国的始祖鸟更古老、更原始。这些和现代鸟类羽毛截然不同的原始羽毛，代表了鸟类演化的最初的阶段。

这个发现太重要了，因为有无羽毛长期被认为是鉴定是否为鸟类的重要特征，可现在居然有了“带羽毛的恐龙”，这事有意思了。看来用羽毛来简单判断，明显不靠谱，而且大量证据表明，羽毛在鸟类出现前就已经出现了。其最初也并不是为了辅助飞行，而是隔热，抑或是吸引异性、展示魅力，而后进化到有飞行能力的时候，羽毛也随之产生了各种变化，最终才出现了符合空气动力学的现代飞羽构造。

在这之前，人们曾长期认为羽毛是起源于鳞片的，经过千万年的进化，它越长越长，直到变成我们今天看到的灵活的羽毛。也就最近几十年的研究吧，越来越多的化石默默地告诉我们，羽毛和鳞片在发育上有着巨大差别。

搞科研很多时候也是“眼见他起朱楼，眼见他宴宾客，眼见他楼塌了”。其实早在始祖鸟的化石刚被发现时，达尔文的好朋友赫胥黎就认为鸟类和恐龙有密切的关系，但当时没什么人相信。不过现在有古生物学家们在世界各地发现的大量化石为证，学术界已基本统一认为，鸟类应该是起源于恐龙，而且是兽脚类恐龙。

那现在就有了另一个问题：鸟是通过什么方式变得会飞

的呢？

原本这也不是问题，因为习惯上认为兽脚类恐龙生活在地上，所以应该是陆地奔跑起源，后肢全速推进，前肢不断地拍打，状态就类似于飞机在跑道上加速，获得了足够的速度和升力，于是飞起来了。

一开始，这个“奔跑起源”被广泛认可，但会不会过于简单了？猎豹的速度够快，小猫打架的时候也在不停挥舞爪子，如果就照这么进化下去，猎豹大概只会越跑越快，小猫个个都能去练咏春。

很可惜，我在达尔文的《物种起源》里没找到答案。因为按照《物种起源》的说法来分析，假设一个族群中有一个个体进化出了超长的寿命，那么它的后代会生下更多长寿的后代，这样一来，一代一代生下去，地球上应该全是长命百岁的物种。可您看看，我们周围是这样的吗？当然不是。

我越来越觉得，进化真是一件很玄的东西。举个例子，有人说鸢尾花是造物主最神奇的杰作，不过只要这个世界上某处蝴蝶扇动一次翅膀，或是有人在亚马孙雨林里砍掉一棵树，或是大气层外“迷路”的彗星坠落地球，或是太平洋的暖流偏转几度，鸢尾花没准儿就会变成一棵大葱。

还有，所有伟大的设计师，毕生追求的目标就是完美的作品，最好是一丁点的瑕疵都没有。但是很可惜，比起鸢尾花，人类身上的bug实在太多了，而且尽是低端的bug。所以，你还坚持认为地球上的所有生物都是造物主设计出来的吗？要是这样，那他的作品——人类，可真够差劲的。

如今一见钟情都很难了，您还想一步到位？没可能的。生物进化和日久生情一样，都需要慢慢培养。只有经历了无数代的、艰难的、一点点的进化和无差别大规模牺牲，才终于鸟飞在空中，鱼游向大海，人主宰陆地。

扯远了，还是说回来。随着越来越多的化石被发现，另一种“树栖起源说”开始受到关注。

起先就是一些小型爬行动物迫于生存压力，地面上的工作不好找，必须要寻找新的生存环境了。看来看去，它们身边的树好像有利于隐蔽和繁衍，于是它们就从地上一步步爬到树上生活。而环境的改变也促进了它们羽毛功能以及脚趾抓握功能的进化，旋转跳跃、滑翔飞行就是日常生活必备技能。

无法得知当时是哪只兽脚恐龙突然萌发了上树这个决定性念头，但无疑，陆地上的生存压力每天一睁眼就有，一闭眼都可能是永别，每天都在做着选择题（单选）：

吃掉别人or被别人吃掉。

如同当年村上春树坐在棒球场的看台上，一只球正在飞过来，一个念头从天而降，他决心当一个小说家。在某一个决定瞬间，一只瘦小的兽脚恐龙惊恐狼狈地爬上了一棵树，悄悄躲在上面，等待危险过去，还可以看着落日下山。也许最后它还是死路一条，不过，由此换来的却是上树可以多活一会儿，以及日落好美。

奥古斯特·魏斯曼曾提出过一个理论，他认为地球上所有的生物都活在一个激烈竞争的环境中，只要时间够长，都会遍体鳞伤，于是大自然进化出了死亡，羸弱的淘汰，健康的繁衍。虽然魏斯曼的这个理论也没那么严谨，却指出了进化的实质，那就是生命的延续。

我能力有限，掌握的知识也都是过气的，根本没法分辨任何一种关于鸟类飞行起源的假说是真是假。但我明白，从拖着长尾巴的原始鸟，到具备高超飞行能力的现代鸟，想上天，就一定要付出巨大代价。像人类的祖先们，可能牺牲了部落的所有成员，换来的知识只不过是某些植物有毒，吃了会死，或是某些动物是不能惹的，碰了倒霉。

这也算是个提醒，未来如果人类真的走入太空，面对浩瀚宇宙一定也是各种无助。人太渺小了，还得面对各种四五六七八的维度，依然要有巨大的牺牲和巨大的浪费才能慢慢摸索出一条逃亡的航线，找到一个移民的星球。千万年前，恐龙的灭绝恍如昨日，咱们人类的体格会比恐龙强吗？

敲个黑板，适应环境的进化才是生存的不二法门。为了躲过生物大灭绝，恐龙算是被迫“飞”起来了，为此它也付出了脱胎换骨的代价。别的不说，首先就是不敢吃，吃多了就飞不起来，而且吃完了马上就得排泄，“泄殖孔”麻烦您了解一下。

真有点扫大家的兴了。其实长没长羽毛已经不重要了，今天的人类也是不可能再飞起来了。因为人类不飞，是人类自己的选择。尽管很多人过得挺粗糙，但在地上总有吃有喝，已经没必要在空中讨生活了。

淳朴诗人罗伯特·弗罗斯特曾有一首诗说，林中有两条路，你永远只能走一条，怀念着另一条。所以，如果您也和我一样，有想飞却不能飞的惆怅，有对天空无拘无束的念想，那给您介绍一个小方法：买张飞机票，打折的就行，但一定要靠窗的。

系上安全带，收起小桌板，调直座椅靠背，打开遮光板，我看见一座座山，一座座山川，一座座山川相连，呀啦索……

我想我会“飞”了。

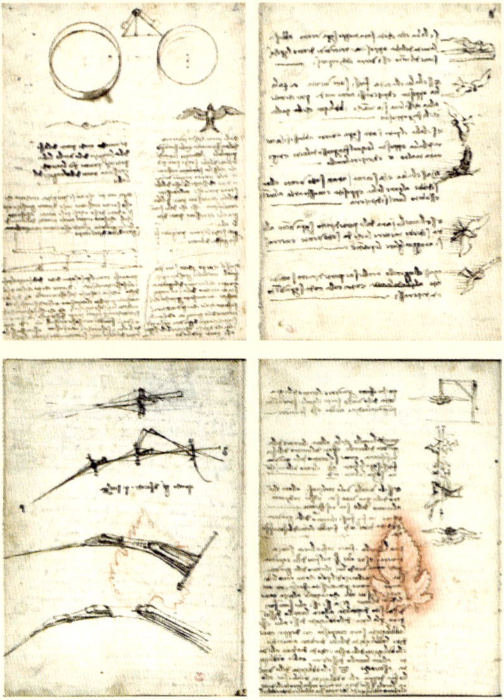

达・芬奇，《鸟类飞行手稿》，1505 年，都灵皇家图书馆

达・芬奇的这份神秘的手稿内容包括机械装置的工作方式，重力、风和气流对飞行的影响，羽毛的作用，扇动翅膀如何压缩空气，鸟类尾翼的动作等等。达・芬奇花了很多笔墨详细描述了鸟类如何在飞行中保持平衡、移动、掌握方向、俯冲和上升的知识。这份《鸟类飞行手稿》达・芬奇也采用了镜像书写的方式，文字从右向左书写，且每个字母都是反着写的。

巴瓦尼·达斯，《大印度果蝠》，1777 年—1782 年，大都会艺术博物馆

18世纪后期与19世纪末，东印度公司官员委托印度的艺术家绘制过一批精美的插图。蝙蝠是唯一真正能够飞行的哺乳动物。翼龙灭绝以后，鸟类独霸天空。很多哺乳动物想过飞上天，但最终只有蝙蝠成功了。鸟类是恐龙的后代，其实它们就是活着的恐龙。从某种意义上说，今天的蝙蝠和鸟类就像它们的祖先一样，依旧是恐龙管白天，哺乳动物管夜晚。

始祖鸟化石，柏林自然历史博物馆

始祖鸟是进化的象征，目前普遍认为这就是地球上最早的鸟类。它的上下颌长着圆锥状的牙齿，细长的翼部长着三个翼指，有长长的骨质尾巴，但缺少了胸骨。这说明操控翅膀的肌肉不够强大，不具备高飞的能力。

始祖鸟的生态复原模型

始祖鸟羽毛化石，
北京自然博物馆“飞行的奥秘”展

始祖鸟的生态复原模型（上左图）看着不那么可爱，不过要在可爱和活命之间做出选择，那可能会进化得更凶。大家可以看到始祖鸟的头部，牙齿锋利。那么问题来了，一般的理解，为了飞行，鸟类必须减重，所以就导致了牙齿的退化乃至消失。但其实鸟类嘴里的牙齿重量几乎是可以忽略不计的，对飞行并不构成影响。这么一来，牙齿的退化就毫无意义了。所以，鸟类的牙齿为什么没了呢？

孤立的始祖鸟羽毛（上右图）被认为是有史以来发现的第一例羽化石羽毛。尽管近年来，一项借助新技术的研究指出，这个原始羽毛标本可能并非属于始祖鸟。好吧，如果这枚羽毛标本真的不属于始祖鸟，那只能说那个时代的生物多样性远比我们认为的更丰富。

1996年发现的第一例有原始羽毛的恐龙化石，出土于北京东北方向500千米外的辽宁北票市上园镇四合屯，震惊了全世界。不过这一中文名有可能会让人误以为这种动物是一种鸟类，也许“中华鸟龙”这个名字更合适。

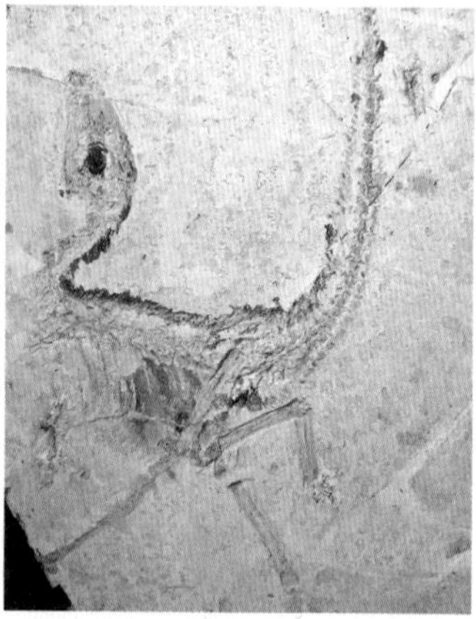

原始中华龙鸟化石（局部），北京自然博物馆

黑色印痕围绕在骨骼周围，这些纤维状的结构从皮肤表面伸展出来，覆盖恐龙的全身。在兽脚类恐龙的化石中发现了原始羽毛的存在，支持了鸟类是从这些恐龙演化过来的观点。

原始中华龙鸟化石中黑色的羽毛印痕

近鸟龙是迄今发现的最早的带羽毛的恐龙之一。最近的研究显示，以近鸟龙为代表的带毛恐龙具备了一定的飞行能力，但羽毛的分子构成还不足以支撑其进行类似鸟类的飞行。

赫氏近鸟龙是一种小型兽脚类恐龙，也是目前已知的世界上最早的长有羽毛的恐龙。它体长仅34厘米，重约110克，大小跟今天的鸡差不多，估计它们比始祖鸟还要古老几百万年。

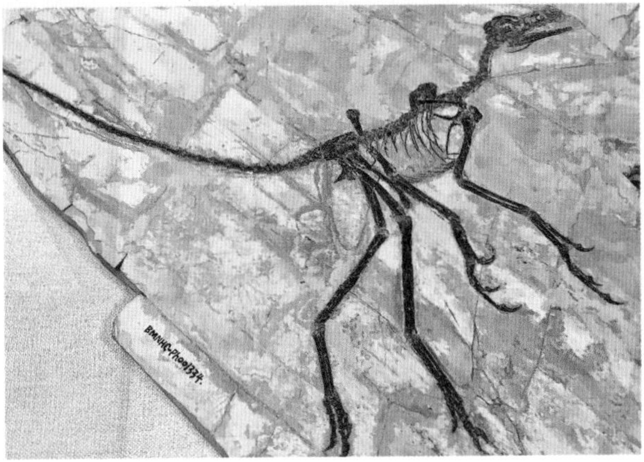

近鸟龙化石，北京自然博物馆

赫氏近鸟龙化石

赫氏近鸟龙模型，北京自然博物馆

黑素体决定动物的体色，不同的颜色，黑素体的形状和密度也会不同。将化石与现代鸟类羽毛中的黑素体进行比对，就能大致复原出羽毛的颜色。赫氏近鸟龙的体羽以灰、黑两种颜色为主，头顶羽毛主要呈红褐色。与现代鸟类不同的是，其腿部也被厚厚的羽毛所覆盖，加上尾翼，虽说是龙，但外形更接近传说中的凤。

孔子鸟化石，北京自然博物馆

孔子鸟是目前已知的最早退化了牙齿并且发育角质喙的鸟类。孔子鸟比始祖鸟晚约2500万年，它们个体大小十分接近，也与始祖鸟相似有3个分离的掌指骨和爪。不过，孔子鸟的胸骨稍大，腕骨更灵活，爪大而锋利，尾椎缩短愈合成棒状，明显活动能力更强，可能具有一定的攀爬能力。

孔子鸟生态复原图，曾孝濂绘　中国古动物馆

顾氏小盗龙化石

顾氏小盗龙是目前发现的第一批会飞的恐龙，它最引人注目的特征是其前、后肢及尾后部发育着非常长的片状羽毛，并且其前肢上飞羽的分布形式与现代鸟类相似。这种羽毛分布形式表明，从兽脚类恐龙向鸟类的演化过渡之中，已具备了一定的滑翔能力，类似于今天的鼯鼠，从一棵树“飞行”到另一棵树。

棕鼯鼠标本，北京自然博物馆“飞行的奥秘”展

鼯鼠又叫飞鼠，外形酷似松鼠，叫声很像婴儿的啼哭，而且身上的宽大的皮膜使它能像飞鸟一样滑翔，所以被古人误认为是鸟，还演绎出了中学课本里“寒号鸟”的故事。《本草纲目》还将它归到了禽类。

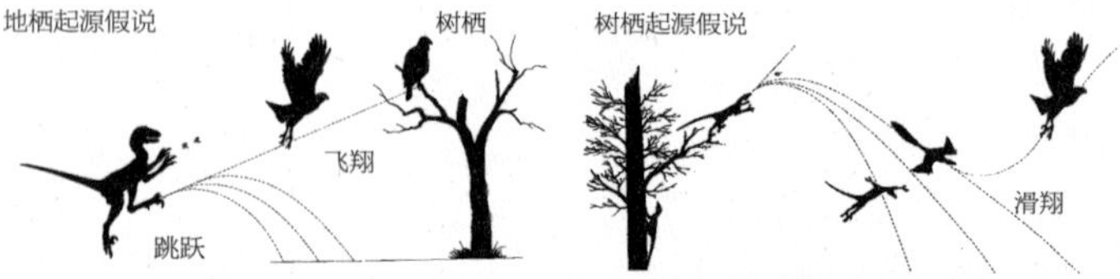

飞行起源假说对比图，北京自然博物馆“飞行的奥秘”展

围绕鸟类飞行起源的争论集中在两个针锋相对的学说上，如上图所示。树栖起源假说和地栖起源假说之间的主要争论点在于：飞行时扇动翅膀的前肢动作是在鸟类祖先掌握飞行能力之前还是之后演化出来的。

返祖中国翼龙化石，北京自然博物馆

翼龙不是鸟，是会飞的爬行类动物，“翼龙”一词最早来源于希腊文“有翼的蜥蜴”，最大的翼龙翼展可达12米，而最小的翼龙翼展仅约25厘米。普遍认为，翼龙的灭绝很大程度上来自鸟类的竞争，不过鸟类是1.5亿年前产生的，而翼龙是在6600万年前和非鸟恐龙一起灭绝的，它们曾经在地球上“和平共存”了8000多万年。

蜚蠊化石

燕辽生物群的岩层中，最精细的细节都被保存了下来。也许蟑螂是进化史中成功的例子，它们不仅逃脱了恐龙的统治，还在3.5亿年的时间里蔓延到整个地球，任何一只“小强”都堪称地球上的“活化石”。

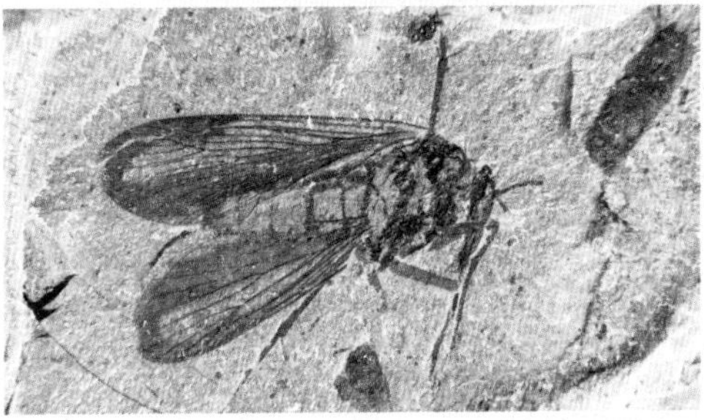

古盗蚊化石

蚊子的祖先大约出现在中生代的侏罗纪，距今大约1.7亿年前，当时这种类似蚊子的昆虫是现代蚊子的数倍大小。“从蚊子吸食的血液中提取恐龙的DNA”这个桥段在时间逻辑上没毛病，但能不能真提取到那就是另一回事了。

注：

特别感谢中国古动物馆提供的图片和王原馆长对本文数次的无私指导，还有北京自然博物馆的史英周主任和张玉光博士的大力支持。面对大自然——这座世界上最伟大的“博物馆”，我无知得令人发指，也让这篇并不深奥的文章写作得极其困难，没有几位师长的帮助，我根本无法完成。

無量壽尊佛

怎么这么贵

绫、罗、绸、缎、丝、帛、锦、绢，中国织造技术的成就不胜枚举。自先秦时《考工记》到明代高濂《遵生八笺》，女红之巧，十指春风。在千百年来演变的女红中，尤以缂丝最受尊贵，自唐出现以来便迅速被主流社会所接受，两宋时的缂丝以完美再现甚至超越原作的特点成为最接近于书画艺术的丝织物。“无数铃声遥过碛，应驮白练到安西”，在东西方文化不断交融中产生的缂丝，也成为了中国丝织技艺的巅峰。都说一寸缂丝一寸金，到底缂丝好在哪里？我唯一的印象就是“贵”。

清，《缂丝无量寿尊佛像》，颐和园

图轴的主体图案为端坐在须弥莲花座上的“三世佛”。最中间为现世的释迦牟尼佛，两侧分别是象征未来的弥勒佛和象征过去的燃灯佛。释迦牟尼佛下方两侧是迦叶和阿难两位侍者，十八罗汉和四大天王分列两边。

一直觉得丝绸、刺绣之类的东西，男人不明白就不明白吧，不是大事，况且之前对缂丝的印象只是“贵”，总被拍卖会成交的天文数字吓到，一堆零，从个位开始数吧，反复确认，剩下唯一的印象就是：怎么这么贵？

一寸缂丝一寸金，话都这么说，可到底缂丝贵在哪里？真不知道。

这就埋下了一个坑。不出意料，第一次看到缂丝的时候，有点蒙，巨幅《缂丝无量寿尊佛像》就在触手可及的地方，保存也相当完美。好比是一个人自幼在山里修行，没见过姑娘，下山去，遇见的第一个就是绝世大美女，倾国倾城，你说吓不吓人？可自己还一点都不稀罕，也不觉得走运，随随便便就放了手。关键是一开始的起点太高，今后遇到的其他姑娘都不觉得怎样了，等想起来再找第一个，也不知道她去哪儿了，这才叫痛苦。

《缂丝无量寿尊佛像》、兽面纹三牺尊、乾隆版《大藏经》，还有阅古楼石刻拓片，都一起出现在首都博物馆的“园说”大展里，这是北京市属公园馆藏文物的首次大集结，颐和园、天坛、北海里的很多宝贝都是第一次“出宫”。机会难得，算是不能不看的一个展，最让人惊喜的就是巨幅的《缂丝无量寿尊佛像》。

当年，乾隆皇帝就是为了庆祝母亲的六十大寿修建了清漪园——也就是今天颐和园的前身，而眼前这幅缂丝展现的就是他设想的天仙、罗汉、天王通通来祝寿的场面。“无量寿”的意思是“寿无量”，乾隆顺便也cosplay了一把，自己也入画，里面头戴斗笠、身穿红袍、双手合十的人，就是扮作罗汉的乾隆皇帝。

乾隆的事情太多了，还是先说缂丝吧。

所谓“缂丝”，宋元时期也叫过“刻丝”“尅丝”“克丝”，源头指向的是古埃及，西汉时这种技术通过丝路东传到西域。缂丝因为独特的“通经断纬”技法，算是目前唯一没法用电脑排版批量生产的丝织物，无法工业化，这就是贵的首因。

拿刺绣来对比一下。刺绣是在现成的料子上穿针引线绣出图案，而缂丝是在纺织的同时就织出图案，料子和花纹图案是一体成形，一气呵成。织机上，本色丝为“经线”，各颜色的丝为“纬线”，一个是“竖”，一个是“横”。

这个过程真让人着迷。一幅牡丹花丛，各种色彩，不同颜色花瓣，不同程度深浅，缂丝都得照稿样一点点地织出来，本色生丝挣在木机上，小梭子牵引着各色纬线，按照稿样的色彩一截一截穿梭，两只脚踩着织机踏板，经线随着上下错落，一堆小梭子放在一旁，按照颜色长短穿经线而过，织工手里拿着的篦子再把织上的纬线贴紧，慢慢累积而成。

对粗枝大叶的人来说，想想整个过程，都觉得要疯掉，好比是让人用绣花针去挖井，没想到最后变成了“肖申克的救赎”。所以，下次碰到好的刺绣和缂丝一定要大大地赞美一下。

明白了这种“通经断纬”技术，再兜回头说说这种技术的源头。主流的观点是，3000年以前，埃及出现了以麻做纬线的“缂麻”，后来生活在两河流域的古叙利亚人又从埃及人那里改良了一下，用羊毛为原料做了“缂毛”，张骞凿空西域后，缂毛的地毯和衣服就自西向东而来，我们就地取材用蚕丝为原料做了“缂丝”。

但凡在中国大地上开花结果的艺术形式，总是绕不开一个人，那就是宋徽宗。我关注的文博公众号里，每次出现转发过万的软文，总跟他老人家有关。受这位入错行的伟大艺术家影响，中国人的生活方式在宋朝基本定了型。用陈寅恪先生的话说，华夏民族之文化，历数千年之演进，造极于赵宋之世。

北宋时期设立了少府监，下辖文思院、绫锦院、染院、裁造院、文绣院等。其中文思院四十三作坊之一的“克丝作”，就是专门装裱缂织书画用的。宣和时期的缂丝工艺发展得真是大步流星，从日常穿衣打扮到书画装裱无一不精，尤其是以定州的缂丝最为著名，宋人庄绰的《鸡肋编》中有描述：

> 定州织刻丝，不用大机……以小梭织纬时，先留其处，方以杂色丝缀于经纬之上，合以成文，若不相连。承空视之，如雕镂之象，故名刻丝。

南宋时期，政治南迁，大宋仅存的一口气，仰仗的是长三角贸易，从那时候开始江浙就已经是全中国的CBD，有钱人扎堆，关键还有了点品位，知道东西好坏。缂丝作为一种丝织与绘画相结合的高级艺术品，不仅迎合上流社会的艺术需要，也自上而下在富庶的民间有了市场，一时让朱克柔、沈子蕃这些名匠的作品变得炙手可热。

朱克柔，一个生活在江南烟雨之地的女子。真不知道她父母怎么起的名字，原名一个“强”，字“刚”，自称“克柔”，能这么叫自己的上海姑娘，怕也是“绝望主妇”的人设。据说宋徽宗赵佶曾在朱克柔的佳作《碧桃蝶雀图》上题诗：

> 雀踏花枝出素纨，
> 曾闻人说刻丝难。
> 要知应是宣和物，
> 莫作寻常黹（zhǐ）绣看。

“要知应是宣和物”，这话说得很豪，够自信，不过那时候也有骄傲的资本。只可惜，靖康年一到，那个兵荒马乱的年代，徽钦二宗被掠到东北。随着浩浩荡荡的俘虏队伍北上的，还有数百位御用工匠，加之金人的虎狼之师南下搜山检海，别说《碧桃蝶雀图》失传了，包括朱克柔在内的大宋姑娘们如何经历这场劫难的，谁知道呢？又有谁关心呢？

还好，在一幅现藏辽宁省博物馆的作品《山茶蛱蝶图》里，引出了这位奇女子生平的唯一线索，题跋上，文徵明的曾孙、明代画家文彦可写道：

> 朱克柔，云间人。宋思陵时，以女红行世。人物、树石、花鸟，精巧疑鬼工，品价高一时。流传至今，尤成罕购。此尺幅古澹清雅，有胜国诸名家风韵，洗去脂粉。至其运丝如运笔。是绝技，非今人所得梦见也，宜宝之。

中国历史上有不少以“工”而名留青史的奇女子，三国时期的吴王赵夫人就有“三绝”，可在指间以彩丝织成龙凤之锦是为“机绝”，能用针线在方帛之上绣出五岳列国地图是为“针绝”，又以胶续丝发作罗丝轻幔是为“丝绝”；唐代永贞元年有一奇女子卢眉娘，14岁就能在一尺绢上绣《法华经》，字仅粟粒之大，点画分明；还有明代韩希孟的顾绣、清末民初的沈寿……

再说另一位缂丝大师沈子蕃，性别男，籍贯河北定州。靖康之后，42岁的他开始到南方收徒传艺，1165年去世，享年79岁。沈子蕃一生完成了几十件缂丝艺术品，有的未标作者，标有作者的只有五件，《梅鹊图》《青碧山水图》被故宫博物院收藏，另三件《缂丝山水图》《缂丝秋山诗意图》《缂丝桃花双鸟立图》在台北故宫博物院。

想分辨朱、沈两位大师的作品并不难。

朱克柔的作品似于工笔，善局部，颜色鲜艳，对比强烈；沈子蕃则善写意，山水作品大，重和谐，清远优雅。这个区别好理解，艺术来源于生活，两位大艺术家男女有别，一个生在北方，一个生在南方，北方的一路南下见过大山大河，而南方的养在深闺足不出户。宋朝时候的女人已经开始缠足了，别说跋山涉水，出趟远门也有难度，当然，那个时候还没有社交网络，一辈子见到的人和景，还不如人们今天一天的量。

南宋亡于元，元代缂丝一反南宋细腻柔美之风，简练豪放。而且在西域织金技术的影响下，在缂丝里面掺了金丝，用作皇帝像和佛像，也就是“织御容”，脸上的表情很丰富，明暗对比，胡须发毛，还都要通过一根根丝线表现出来。这个真难，不过这技术后面清朝的工匠们用得更精，我在颐和园德和园戏楼的“福寿文物展”上见过，是一种奢侈的漂亮。

明初倡节俭，朱元璋的出身决定了缂丝绝对属于“淫巧”范围，除了敕制和诰命，其余基本就不用了。一直到了宣德年有了内造司，也赶上明中期资本主义的萌芽发展，缂丝的需求这才上来。到了清，江南三织造成为丝织业中心，缂丝在乾隆年间才开始再度繁荣。

清代藏传佛教备受推崇，大概在清朝的所有皇帝中，最尊崇藏传佛教的，就是运气好到没谁的乾隆帝了，他就曾命令画师为自己绘制了一大批佛装画。按佛教的教义：

> 若有众生于佛灭后，造立形象，幡花众香持用供养，是人来世必得念佛清净三昧……除却千劫极重恶业。

佛造像，就是古今中外佛教僧众们供奉诸佛的功德。所以，耗费巨大人力物力财力的缂丝佛造像就成为乾隆的必选项目。想办成这事，不动用国家机器根本不可能，展览里的《缂丝无量寿尊佛像》就是这个时期的产物。看着眼前的缂丝，觉得很伟大，但也有些遗憾，就是太大了，大得让我无法体会到赵孟頫的四个字：尽其妙也。只觉得乾隆爷豪横。

想起来，跟皇家沾亲带故的曹雪芹在《红楼梦》里也有一段描写缂丝的段落“晴雯病补雀金裘”。晴雯所补的“雀金裘”，就是把孔雀翎毛上的羽绒与丝绒粘合后缂织而成。

若没有江南织造的家底出身，见都不可能见过，曹雪芹也绝不可能写出这段文字。

时至晚清，大清国气数已尽，皇子龙孙们断了花销进项，只能变卖祖宗家产。老恭亲王奕䜣的嫡孙爱新觉罗·溥伟无法面对现实，一气之下躲进了青岛德租界，而府里的珍藏也悉数被拍，包括朱克柔的《山茶蛱蝶图》在内，一捆捆丝绣就夹杂在成堆的书画中，辗转被一位懂行的人收藏了。巧了，他和朱克柔一样，也姓朱。

朱启钤，真是个神人，用曹聚仁先生的话说就是“会做官”。警察总监、交通总长、国务总理、袁世凯登极大典筹备处处长、南北议和北方总代表等，都没耽误。朱家是举人出身，家世好，见过世面。据说童年时，他母亲常把一些宋锦碎片缀合成荷包，而祖父书画的包头用的就是缂丝。1928年，退出政坛的朱启钤在北京成立中国营造学社，当时的胸襟抱负也够大的：

> 凡彩绘、雕塑、染织、髹漆、铸冶、传值，一切考工之事，皆本社所有之事。推而极之，凡信仰传说仪文乐歌，一切无形之思想背景，属于民俗学家之事，亦皆本社所应旁搜远绍者。

那时候的朱先生已经57岁，退休抱孙子了都还这么雄心勃勃，让人佩服。可第二年，营造学社就出了问题，没钱了。

拒绝过日本人大仓喜八郎的百万银圆收购，也下定了坚持将国宝留在国内的决心，无奈中，他想到了自己的儿女亲家“东北王”张作霖。朱启钤的六女儿朱洛筠嫁给了张学良的二弟张学铭，于是，同在营造学社里的张学良就用20万银圆的价格将这批国宝接手。

谁能想到，江南的织女们的一缕缕丝线，900年后，却支持了营造学社的学术项目，梁思成、林徽因开始勘探考察古建遗址，走遍了中国各地。

最后，话还得说回去，如果现在你问缂丝好吗，好在哪里？很奇怪，我的第一反应还是贵。这主要是因为自己活得太粗糙了，生命中的每一天都是得过且过，与这么精致的东西无缘。当然，还有个理由，就是见过的好东西还是不够多，实在没法比。

也有一阵没听到缂丝在拍卖会上再创新高的消息了。一次饭局上听圈内大佬说：这不是因为价格便宜了，而是缂丝的老东西越来越少，拍一件少一件，市面上都没得见了。

开始说什么来着，才刚刚琢磨出些缂丝的妙来，可惜就再也看不到了。财富的多寡会决定一个人的兴趣爱好，而我，只能尊重现有的生活。纳博科夫说过，最不该做的事情就是向别人解释作品好在哪里。所以别再问缂丝好不好了。

《缂丝无量寿尊佛像》局部

仔细观察，会发现右边九个罗汉中有一人，头戴笠帽，身披斗篷，双手合十，低头俯视，谦恭虔诚。这位罗汉形象，和四周的罗汉穿戴大异其趣，这是乾隆自己吗？

宋，《缂丝花间行龙》，台北故宫博物院

五爪金龙行游于牡丹、莲等四时花卉之间，富贵的“花间行龙”图在宋元明长期流行。宋内府以“百花蟠龙锦”为书画包首，元代大都宫殿御道亦刻有百花蟠龙图，明代瓷器中多见五彩穿花龙纹等，都是宫廷御用。

宋，朱克柔，《缂丝花鸟》（局部），台北故宫博物院

花鸟虫鱼，对于绘画来说似乎并不困难，而且一遍一遍地上色，就会出现晕染的感觉，但缂丝不行，几梭下来就要直接达到效果，够难。世界范围内都有“缂”这门技术，但只有中国人用缂丝手法作画。

每一件缂丝艺术品都是被分解成无数小色块甚至是像素点，一点一点织就，看看这些羽毛就知道了。

宋，朱克柔，《缂丝鹡鸰》（局部），台北故宫博物院

看得越多，越觉得缂丝没有巨大财富的支持是没法存活的。不仅要有艺术修养，还要女红熟练，一天一小寸，急不得；有上好丝线的供应，还需有人养蚕、缫丝；必不能少的良田种植染草；有工匠提取染料，颜色繁多，准备复杂……做这么一件缂丝画，至少得养上百口人。

宋，沈子蕃，《缂丝果鸟》，波士顿艺术博物馆

宋人很喜欢养鹦鹉，宋徽宗还画过一幅名作《五色鹦鹉图》，用青黄赤黑白五色寓意五行，为社稷呈祥瑞。而在文学作品中，鹦鹉好像又多了层欲说还休的味道，比如《宫中词》里：含情欲说宫中事，鹦鹉前头不敢言；陆游的《蝶恋花》里：鹦鹉杯深君莫诉，他时相遇知何处。当然也有说不好的，僧定渚的《咏鹦鹉》里就说：罩向金笼好羽仪，分明喉舌似君稀……意思是你这货搬弄是非。异曲同工，齐白石的一幅《鹦鹉》中题识：等闲学得鹦哥语，也向人前说是非。

宋，沈子蕃，《缂丝桃花双鸟立轴》，台北故宫博物院

或含苞，或怒放，两只珠颈斑鸠亲密依偎，树枝虬曲，轮廓处用墨勾勒，右下方织刻名款“子蕃”。

宋，沈子蕃，

《缂丝桃花双鸟立轴》（局部），

台北故宫博物院

南宋，《缂丝三余图》，波士顿艺术博物馆

“鱼”与“余”谐音，象征“三余”。三国时期的董遇读书是“冬者岁之余，夜者日之余，阴雨者时之余”，“三余”寓意要抓紧一切闲余时间读书。请教过北京画院的吴洪亮院长，他说“三余”是中国绘画中的母题，齐白石先生也画过，不过齐先生的三余是“画者，工之余；诗者，睡之余；寿者，劫之余”。但说到最后，也有个事，我们俩谁也不知道这上面的鱼到底是什么品种。

宋，《缂丝仙山楼阁》（局部），台北故宫博物院

景山怪石层层叠叠，奇花异树穿插掩映，猴群，白鹤，彩凤飞翔，宛如遗世仙境。这个作品意境感觉一般，但缂丝的繁复得到了极致表现。

清，《缂丝贺寿图》（局部），大都会艺术博物馆

在民间广为流传的“满床笏”故事里，唐朝名将汾阳王郭子仪六十大寿时，七子八婿皆来祝寿，由于他们都是朝廷里的高官，手中皆有笏板，拜寿时把笏板放满了床头。这个主题后来还被画成画，编成戏剧。

元，《缂丝大威德金刚曼陀罗》，1330 年—1332 年，大都会艺术博物馆

元，《缂丝大威德金刚曼陀罗》（局部）元文宗、元明宗

缂丝应用于唐卡，产量和存世量都很少，这幅《缂丝大威德金刚曼陀罗》，是目前尺寸最大的元代缂丝作品（纵245.5厘米、横209厘米），又是唯一带有帝后供养像，唯一有题记，也是唯一可以明确纪年的元代缂丝。

唐（高昌延寿十年），《缂丝腰带》，新疆维吾尔自治区博物馆

这是目前发现年代最早的缂丝织物，出土于吐鲁番阿斯塔纳高昌贵族张雄将军夫妇合葬墓，被发现时，缠在一个女舞俑的腰上。

清，《缂丝文官一品仙鹤补子》，大都会艺术博物馆

周天子曾将诸侯大夫的官服按照等级严格规定材料和颜色纹样，算是为后世的官服制度定了规矩。至明清两代，文官绣禽、武将绣兽已经是明确写入典籍的硬性规定。清入关后正式颁行的第一部会典《大清会典》（康熙朝）亦称《康熙会典》中规定：一品仙鹤，二品锦鸡，三品孔雀，四品云雁，五品白鹇，六品鹭鸶，七品鸂鶒，八品鹌鹑，九品练雀。

清，《缂丝武官一品麒麟补子》，皇家安大略博物馆

“衣冠禽兽”这个词本来是褒义的，朱元璋是将文官绣禽、武将绣兽作为官方规定确定下来的第一人。清朝承袭明制，清初的补子制度完全等同于明代。武将按照一品到九品分别为：狮子（一、二品）、虎、豹、熊、彪（六、七品）、犀牛、海马、獬豸（未入流的九品以下）。但是这制度并非一成不变，康熙年间曾多次更改纹样，增加了一品麒麟、三品豹、四品虎。雍正、乾隆也都修改过，直到乾隆二十四年（1759年）《皇朝礼器图式》最终定稿。

哥麿筆

人间浮世绘

“浮世”本意指人生死的轮回与虚无，在日语中也含有要享乐当下生活的放荡之意。希腊以来，人们认为美是要满足一定标准的，如同黄金比例一样，美是永远不变的。而对于日本人来说，美是会随着时间的流淌消失的，所以会对行将逝去的一切产生爱恋之情。浮生如梦，要记住当下的灿烂呀，就因为它们会转瞬即逝。北斋的浪花、歌麿的花魁、广重的驿站、写乐的表情，这个光怪陆离的世界里，人们在绘纸上万花筒般地重现了那个属于庶民的浮生时代。我喜欢看浮世绘，因为只要是反映现实的画，都不会太烂，谁让现实那么烂。

喜多川歌麿，《宽政三美人》，大都会艺术博物馆

画面中间的姑娘是富本丰雏，右为阿北，左为阿久。丰雏是花街吉原艺伎，阿北与阿久是浅草观音堂随身门下茶室的姑娘。用今天的话来说，她们都是当时的网红小花。

今天说起浮世绘，事出有因。一个多年未见的有趣朋友在798办了一个浮世绘展，规模不小，邀请我去看。为了在看展的时候不像个傻子，我就预先做了些功课，不过这个功课做得有点激动，好像衣着寒酸的我进了一家很有情调的酒吧，没忍住，多来了几杯。

我发现日本女孩很好看，比日本本土的艺术品好看多了。前段时间，东京博物馆举行大展纪念新天皇继位，正仓院也是小心翼翼地开了库房，可拿出的第一名品并不是岛国本土货，而是来自我们盛唐的一把紫檀宝相琵琶，那上面的螺钿美极了。不过，为了避免误解，我还是更谨慎地说：日本女孩很好看，比大多数日本本土的艺术品好看，除了浮世绘。

只要看过的都知道，浮世绘里的女孩子们真是好看，随便晒个衣服，照个镜子，身体都拗成“S”形。当然，好看吧，我也没想要怎么着，只是欣赏她们身上透出来的那股子“色艺双馨”，不，是“德艺双馨”的劲儿。

每种艺术都有诞生的时刻，也一定有诞生时候的胎记，文艺地说，就是要有“文化土壤”，这个东西谁也无法替代。

因为遣唐使，我们会在日本更容易找到盛唐的影子。尽管明治维新之后，中日两国走上了完全不同的道路，有时候很难理解对方立场，不过“山川异域，风月同天”，至少在江户时期，日本和我们真是“神同步”，他们也闭关锁国，也异常排外。不是谁都喜欢满大街的外国人，比如幕府后期的孝明天皇就是一位，愤青的劲头一上来，凡是听到外国的字眼，立马抄家伙砍人。

浮世绘，就在这么一个封闭的环境里诞生了。

冲浦和光在《“恶所”民俗志——日本社会的风月演化》里，对日本中世纪至近代的娱乐场所做了梳理。他认为町人文化绝不是以幕府官方意识为主导的，而是靠自身的力量形成的，甚至还创造出了自己的传播体系，这不仅在亚洲罕见，在世界范围内也不多。

半信半疑，我查了一下，还真是如此，除了浮世绘，像浮世草子、歌舞伎、净琉璃这些在外国人看来最具有“日本魅力”的东西，还都是在江户时期成功定型的。当然，也不是说中国传统艺术那时候完全没影响力了，有，就是比较弱，而且都是在高层那个圈子，庶民是没法体会的，饭都吃不饱，没这个工夫。

江户时期，借着公、私两道的商贸往来，不少中国民间小说流入日本。这种明清小说中有大量的插图，很像是看图讲故事。前几年，我在拍卖会上看过几本明清徽州家谱，里面的版画也是家谱的重要部分。

图像思维的模式比较初级，所以看图的人一定比懂字的人多。当时，一位来自千叶的年轻人吉兵卫，直接将插图从文字的束缚中解脱出来，创造了单幅版画，后来他在画作上署名“菱川师宣”，成为了浮世绘的祖师。此外，那会儿兴盛的姑苏版画也给浮世绘的普及创造了技术条件，拓印价格如同到了“双十一”，来江户旅游的挑几张，买菜顺手就带一张，新出了美人图偷偷藏几张……左右不过一碗荞麦面的价格。

一生只为那一刻，

我们一起去望月、赏雪；

在樱花和枫叶下饮酒、唱歌，

在浮世漂着多么快乐；

就像漂在水中的葫芦，

让我们把尘世的烦忧忘却。

浮生，也就这一世。就是要活在当下啊，哪怕罡风吹散了热爱，相聚离散都有时候，可升斗小民的生活还是该吃吃、该喝喝。苏轼说过“荡摇浮世生万象”，我看浮世绘就是今天的朋友圈，每天睡前刷一下，就逛遍了人世间。

我见过的日本人不多，在厦门大学读书的时候，认识了一个日本同学，名字我还记得，叫加藤一宁，毕业后他回日本当了和尚，因为他老爸就是和尚，所以算继承家业。那会儿在食堂饭桌上，他就评论过自己的同袍，说日本人没什么创造力，只会改善一下，嗯，就是改善一下。

当时不太理解，现在明白了。一开始日本人跟中国学，是“和魂汉才”；后来又跟荷兰学，是“和魂洋才”；如今又跟着美国走，变成“和魂美才”。“和魂”创造力不足是先天的，不过凡事也有个例外，就是在造新词方面，日本人的能力叫人惊讶，咱们熟悉的“腐女”“宅男”都是岛国首创。不知道是不是《东京女子图鉴》的“兄妹篇”，有位日本女作家深泽真纪写过一个《平成男子图鉴》，她将35岁以下的日本男子分了12大类，一个月一类，比如“草食男”就是从这出来走向世界的。可惜35岁以上的她没写，我还挺想知道自己是哪类的。

无论什么，不分个清清楚楚，日本朋友们是不会罢休的。浮世绘就是这样。如果从制作类型上分，就是“肉笔”与“版画”。

肉笔跟肉体没关系，就是绘师直接在绢或纸上画。而版画则是绘师先画，雕版师雕刻，刷版师上色，最后复制印刷。从数量上看，肉笔仅此一幅，而版画可以想要多少印多少。不过，要是能分得这么简单，怎么能体现大和民族的匠人精神?

浮世绘还可以按照创作主题来划分，那种类就不是一般的多了。

首先，人见人爱的“美人绘”绝对算浮世绘里的最重要的一个主题。从菱川师宣的开山之作《回首美人图》开始，几乎所有浮世绘大师都画过。从花街柳巷的游女到民间的流量小花，谁不愿意每天早上起来，身边有个漂亮姑娘笑眯眯地对你说声“早上好”呢？

美女，一直就是社会的稀缺资源。

东京，过去叫江户。取得关原之战胜利的德川家康在江户设立幕府，历经200多年的经营，江户变成名副其实的国际大都市。因为幕府，江户聚集了大量德川家臣以及各藩武士，男女比例失调严重，于是风月场的机会就来了。为了满足一小撮群众的需求，风俗店是家家点火户户点灯，地点就是吉原花街。直至今日，处于堕落王者地位的依然还是吉原，它依然是整个东京唯一敢明目张胆提供春光的街道，歌舞伎町跟它比起来就是个观光区。

慕名而来的客人初次见面，一时半会儿都紧张，店家心领神会，双手捧上册子，里面都是从业姑娘们的写真画像。如果没有指定的姑娘，客人，您先看看姑娘们吧，慢慢挑。

天时地利人和，连模特都不用找，花街里谁红就画谁。不过就算都是画美人的，有两位算是骨骼清奇，一位是鸟居派的四代目鸟居清长，另一位就是喜多川歌麿，这两位被称为“美人绘双璧”。都是画美人，鸟居清长笔下的八头身姑娘充满活力，而在喜多川歌麿的画里，则是“不纯且有罪”的暧昧，隔着空气都能传递姑娘身上的温度，和之前注重全身形象的美人图不同，喜多川歌麿善于抓住细节，尤其是上半身，肉色线条勾勒的丰乳肥臀，彻底改变了美人千人一面的弊病。

作为浮世绘三杰之一的喜多川歌麿，名作很多，《见立六歌仙》《美人立姿图》《美人纳凉图》《雪月花系列》……肉，怎么做都好吃；美人，怎么画都好看。直接搬到吉原花街里住的喜多川歌麿还有一幅名作《青楼十二时》，描绘了姑娘们在十二个时辰里的生活场景，一个时辰一位，无死角地展现花魁们的日常，看过的人都念念不忘。

除了画美人，还有一个几乎所有浮世绘画师都涉及过的选题，那就是“春画”，这个咱们叫“春宫画”，一字之差，唐伯虎和仇英就是此中高手。浮世绘三杰之一的葛饰北斋有一幅名作《章鱼和海女》，不知道他怎么想的，能把章鱼和女人放在一起，想象力真是夸张。

论起来，那么多的日本浮世绘大师，对欧洲画坛影响最大的就是这位活了近90岁的葛饰北斋，老爷爷勤奋，不仅仅是“春画”高手，也是另一个主题“风景画”的领军人物。在葛饰北斋一生的3万多幅作品里，最重要的就是他晚年创作的《富岳三十六景》，本来系列是36幅，后来因为太受欢迎，卖得太好，老爷子又加班画了10幅。共46幅系列作品中，有一幅大名鼎鼎的《神奈川冲浪里》给了凡·高创作《星夜》的无限灵感。不仅凡·高疯狂临摹浮世绘，莫奈都直接让自己老婆穿上和服做模特，还有马奈、德加这些大师都或多或少受了浮世绘影响。而至今，被“神奈川巨浪”拍醒的艺术家名单还在不断地扩充当中，阿尔丰斯·穆夏、安迪·沃霍尔、戴维·霍克尼……

那句老话怎么说来着，对，造化弄人。因为19世纪摄影术的发明，让思考了“怎么才能画得像”的西方艺术家们集体悲伤逆流成河，玩了那么多年的明暗光影，人家几个小镜片全给你搞定了。可命悬一线之时，他们在出口到西方的日本商品包装纸里发现了廉价的浮世绘。

还有这么画的！如同曹雪芹想不到自己的一本《红楼梦》养活了一堆红学家一样，谁能想到，就值一顿饭钱的浮世绘居然改变了近代世界美术史方向，在异国他乡成为了印象派的“爸爸”。

接下来就是“役者绘”和“武者绘”了。

“役者”指的就是歌舞伎演员，代表人物就是谜一样的绘师东洲斋写乐。他真是太特殊了，因为除了江户的出版业大亨茑屋重三郎外，没人知道他的真实身份，可这位伟大的伯乐茑屋居然将这个秘密带到了坟墓里。而东洲斋写乐也是10个月内一口气完成了140多幅作品，就人间蒸发了。世人估计，他最大的可能是被人“做掉”了，为这事，高桥克彦创作了一部推理小说，还拿了江户川乱步奖。

第一次看写乐的画，那人都没个正常的表情，大头大脸，酷似邻居二外甥的怪异笔法让彼时的江户人大跌眼镜。不过此后，由于浮世绘走向了世界，这种善于抓住演员面部特点，刻画舞台角色动态的技法，让西方艺术家们纷纷折服。墙内开花墙外香，有人还将东洲斋写乐誉为“世界三大肖像画家之一”，与伦勃朗和鲁本斯并列，当然，说这话已经是 20 世纪的事情了，我不知道他知道了会不会开心。

和“役者绘”其实差不多，“武者绘”里的主角就是“武者”，也就是各历史传说、戏剧故事里的武将们，这个系列很好辨认——文身，一根骨头都不落下的那种风格。

武士道精神让武者绘广受欢迎，尤其是以《通俗水浒传豪杰百八人》震惊画坛的歌川国芳，堪称武者绘的首座，甚至有了“武者绘的国芳”的称呼。有这个名头实属不易，因为歌川派门下个个都是精英中的精英。在日本浮世绘史上，歌川派是绕不过去的，门生众多，开山祖师是歌川丰春，之后有歌川丰国、歌川国广、歌川国政、歌川国贞、歌川国长、歌川国安……300多位“歌川”里还出了一位少见的女性绘师：歌川国花女（小金）。

不仅人多势众，让歌川派在江湖上举足轻重的另一个原因就是——歌川广重。同为浮世绘三杰之一，如果说葛饰北斋的作品慷慨激昂，那么歌川广重的作品则是诗意浪漫。《东都名胜》让歌川广重在业内声名大噪，而后，他更是创作出与《富岳三十六景》齐名的《东海道五十三次》，在“东海道”里，歌川用画笔演绎了东海岛驿站在不同天气下的别样乡愁，德川古道驿站没有车水马龙，只有空山寂寞冷。从前慢，是真慢。

除了以上的，还有“最后的浮世绘大师”月冈芳年的“无惨绘”，修身养性的“花鸟画”，各类店铺的“店铺绘”，吃货们最爱的“食事绘”，小朋友们启蒙的“玩具绘”，讽刺挖苦的“讽刺画”“鯰绘”，戏剧海报的“广告牌绘”，用手巾屏风、花瓶竹竿来暗示风情的“比喻绘”，等等。挂一漏万，想在分类和精细上战胜日本，放弃吧朋友，这是不可能的。

身边的群众反映，岛国朋友们经常会随手画上几笔，动手能力都还不错，有点手艺人的气质。刚才说到的，我的大学同学加藤，他在回国临别之时，亲手折了一个纸熊猫送给我，黑白两色，模样精巧。我很好奇，从机场一回宿舍就拆了想学习一下，结果最后熊猫变成了废纸，我舍不得扔，夹在了一本书里，搬了几次家后，书竟也丢了。

从政府高官到宅男腐女，日本的大人小孩都是人手一本漫画，应该是浮世绘种下的种子。真要谢谢江户的画师们，他们一笔一笔地勾画着满大街的老百姓。其实在中国的古画中，也有人，可就是太少了，而且大都是皇亲国戚文武百官，上次在展览里看到《南巡图》，那里的老百姓倒是历历在目，可也就是个黄豆大小分布在角落，主角还是皇帝，比例都大了一圈。至于文人画，您就别提了，那种意境，一般人是无法理解的。再说，我们的画基本都是藏在深宫库房里，平头老百姓想看，没资格的。

这么一想，时代确实进步了，我初中开始就偷偷在课堂上看漫画，漫画也是画，男生看《七龙珠》《圣斗士》，女生看《尼罗河女儿》《美少女战士》，这都是托了浮世绘的福。

画了一辈子的葛饰北斋有上百位弟子，为了能让后辈掌握得当，他画了很多样图，再加上出版商的推波助澜，《北斋漫画》诞生了，世界第一本现代漫画诞生了。我暗淡的中学时代，终于有了光。

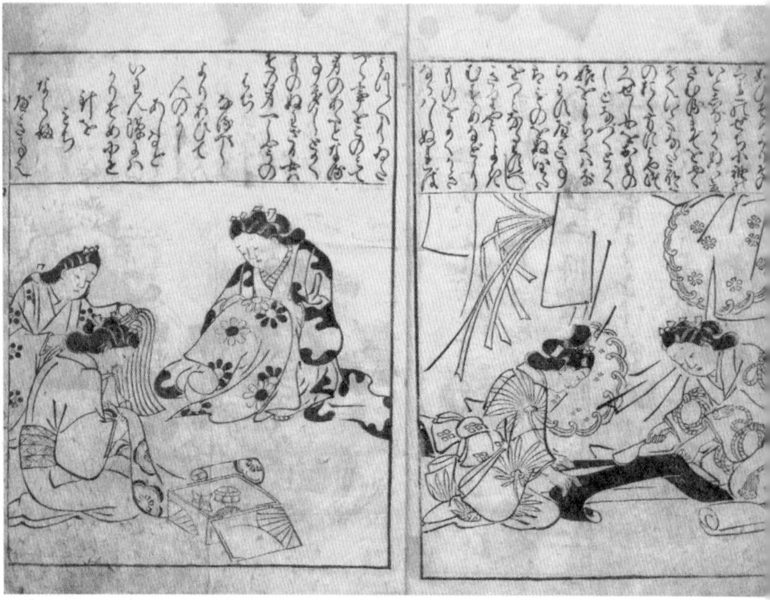

菱川师宣，《武家百人一首》，大都会艺术博物馆

安土桃山时代，基督教传教士带来的活版印刷风靡一时，不过没有在日本生根，反而是后来的木版印刷兴盛起来。究其原因就是在东方的文化语境中，“画”和“字”同等重要，彼时只有木版印刷才能让“字”与“画”较容易地一起出现。而欧洲人画画用的笔和写字用的笔都不一样，所以“书画同源”的道理他们永远也不会明白。

铃木春信，《夜之梅》，大都会艺术博物馆

铃木春信很少表现露骨的性爱场面，而是专注于描绘男女之间含蓄的情感。他开发了多版套色技法，完成了浮世绘中“锦绘”（彩色浮世绘）的转型，也迎来了浮世绘的黄金时代。

铃木春信，《雪中相合伞》，大都会艺术博物馆

这幅作品还有一个别名《乌鸦与苍鹭》，仔细看了半天，头戴兜帽的是两位中性美人。咱们东方人表达情感的方式往往内敛，对于“今晚月色真美”，我们都知道，哪里是月色美，是身边的那个人美，和身边的爱人一起看月亮才最美。

喜多川歌麿，《外袍》，大都会艺术博物馆

看喜多川歌麿的画，总能感到画中人温热呼吸和动人心跳。凡·高说，我羡慕日本人作品中弥漫的那种明确性，他们用几根精心挑选的线条画出一个人物，就像给马甲扣扣子一样毫不费力。

喜多川歌麿，《青楼十二时·丑之时》，大都会艺术博物馆

张爱玲说，在《青楼十二时》里我只记得丑时的一张，深宵的女人换上家用的木屐，一只手握着一炷香，香头飘出细细的烟……她立在那里，像是太高，低垂的颈又太细、太长，还没踏到木屐上的小白脚又小得不合适，然而她确实知道她是被爱着的，虽然那时候只有她一个人在那里。因为心定，夜显得更静，也更悠久了。

喜多川歌麿，《三艺伎》，大都会艺术博物馆

发簪的数量代表着艺伎的等级，花魁可以戴8个。现在随着生活方式的改变，发簪已经失去了原本的作用，但过去的女人们是慢慢走路的，否则也出不来这些成语：袅袅婷婷、娉娉婷婷、款步姗姗、摇曳生姿。

喜多川歌麿，《女人和猫》，大都会艺术博物馆

《源氏物语》里，透过被猫掀起的竹帘，柏木看到屋内的三公主。“此妇身材纤细，衣裙甚长，配以侧面垂发之姿，美不可言，煞为逗人心怀。……妇人回眸顾盼，顿显其美貌少妇之雅丽风韵，勾人心魂。”从此，柏木彻底恋上了这个天真烂漫而美丽的倩影，无法忘怀，甚至想办法得到了公主的猫，睡觉时也把猫带在身边，只是为了感受到三公主的气息。猫在浮世绘中，有着一丝暧昧的含义。

喜多川歌麿，《琴棋书画》，大都会艺术博物馆

舞蹈、礼节、唱歌、装扮、诗书甚至鞠躬、斟酒……一切都要从10岁就开始学起，她们才是当时日本男人眼中最理想的恋人形象。

喜多川歌麿，《萤狩》，大都会艺术博物馆

杜牧诗中的“轻罗小扇扑流萤”，象征着持扇宫女被遗弃的命运。而喜多川歌麿的笔下描摹的却是另一番景象，她们是美好的人间精灵，也给后人留下了一个难忘的时代。

东洲斋写乐，
《三代目大谷鬼次之奴江户兵卫》，
大都会艺术博物馆

东洲斋写乐，
《初代市川男女藏之奴一平》，
大都会艺术博物馆

选自东洲斋写乐第一套出版作品，这套版画共28幅，描绘了1794年在江户三个剧院演出的名演员。此画取材于《恋女房染分手纲》中的一幕，三代目大谷鬼次饰演的江户兵卫是一个表情怪异的反面角色，准备抢夺奴一平的黄金，眼神凶狠，张牙舞爪。

我没看过日本歌舞伎表演，听朋友说有点和京剧类似，演员也都是男的。画中的市川男女藏饰演的一平是一位年轻人，他不畏强暴地要拔刀指向江户兵卫。写乐的这种风格也许不符合当时江户草根群众的审美，但跟西方传统肖像中的“3/4侧面带手半身像”惊人地类似。

东洲斋写乐，
《初代尾上松助之松下造酒之进》，
大都会艺术博物馆

东洲斋写乐，
《三也坂田半五郎之藤川木右卫门》，
大都会艺术博物馆

如果你看到一幅美人图上的美人不美，男子的表情格外夸张，多半就是写乐的作品。画中的人物在舞台剧中被人杀害了，表情有一种极强的悲剧色彩，这个人过得挺惨。

写乐一改传统浮世绘的小情小调，他笔下的人物总有一种强烈的情绪，好像随时有事情发生。一般来说，写乐的作品用色并不复杂，基本不超过5种，但他会用昂贵的云母打底。所以，有人怀疑，他应该是个喜欢看歌舞剧院演出的贵族人士，想怎么画就怎么画，不为钱和出名，纯属玩票。

以《水浒传》为题材的《通俗水浒传豪杰百八人》武者绘系列，让国芳声名大噪，从一个二流绘师变成歌川派的精英，其实歌川国芳在美人绘和风景绘、讽刺画上的产量也很惊人。

歌川国芳，
《通俗水浒传豪杰百八人之锦豹子杨林》（上图），
《通俗水浒传豪杰百八人之浪里白跳张顺》（下图），
美国国会图书馆

歌川国芳还是个标准的猫奴，养了不少猫，在他的笔下，猫都是拟人的，赖床斗殴、嗝气打屁、偷鱼耍赖……统统入画来。看完展，出门我就买了一条印有《猫的东海道五十三次》的手帕，看着很开心。

葛饰北斋，《富岳三十六景·神奈川冲浪里》，大都会艺术博物馆

神奈川，是地名；冲，是指远离岸边的深水域区。在这幅画中，葛饰北斋的视点压得很低，浪花像一个个尖利的爪牙扑面而来，船只随着海浪摇晃。如果再将视线拉远，在这个滔天巨浪的后面，是一个小小的宁静的富士山。这样强烈的对比，更显得富士山的永恒与孤独。日本的浮世绘对凡·高的影响甚大，以至于他后来的很多画都有浮世绘的影子。

葛饰北斋，《富岳三十六景·凯风快晴》，大都会艺术博物馆

据说在暮夏初秋，当南风吹拂、天空晴朗时，富士山的斜坡在阳光下会呈现赤红色，白色的云，绿色的草地，还有普鲁士蓝的天空，这是北斋构图最具抽象感的一幅作品。

歌川广重，《名所江户百景·神田绀屋町》，大都会艺术博物馆

歌川广重晚年开始创作《名所江户百景》，60岁的他风格已经纯熟，构图别出心裁，近景、远景，俯瞰、仰视随意切换。绀屋町是浴衣和手巾的著名产地，广受大家欢迎的“鱼”纹样，还有“广重”的片假名字母组成的菱形纹样飘扬在晾晒场上。我记得北斋也有把文字和画巧妙融合在一起的《六歌仙》系列，法师袈裟上跟这些晾晒的浴巾异曲同工。

歌川广重，《东海道五十三次·庄野·白雨》，大都会艺术博物馆

受到北斋《富岳三十六景》的启发，歌川广重开始创作《东海道五十三次》，他的画让人们从富士山的近郊游升级到了去远方欣赏风景。

右图，传说每年除夕之夜，关东地区所有的狐狸会聚集在王子稻荷神社附近的榎树下，按照跳到树上的高度来授予官位，再换上命妇的服装去神社。而附近的农夫们则通过狐火来预测收成。画中森林虽然被黑暗包围，但依然露出淡淡新绿，这个感觉我很喜欢。

歌川广重，《名所江户百景·王子装束榎木大晦日狐火》，大都会艺术博物馆

蓝是什么蓝

不同的颜色代表不同的含义，比如，红色是热情的，白色是纯洁的，黑色是哀伤的。那么蓝色呢？无论最终是什么颜色，新生儿的眼睛看起来都是蓝的，这是因为他们的眼睛对光线进行了散射，等到长大，当色素沉淀之后，虹膜才会真正获得属于自己的颜色。虽然蓝色与生俱来，但它很难制成也不好控制，一开始蓝色也没有作为一种颜色的地位，历史学家们的忽视，直接导致了人们对蓝色的描述表里不一。不过，这个难题居然被一次稀里糊涂的意外彻底解决了。和我一样，没有人不喜欢这个意外。

清，点翠凤冠，波士顿艺术博物馆

点翠诞生于汉代，清乾隆时达到巅峰，清宫中内务府专设“皮库”负责管理和收集翠羽，“银库”还设有“点翠匠”。1958年，定陵出土过两件凤冠软翠，残损严重，每件凤冠需200只翠鸟的软翠才可修复。如以两件凤冠修复需400只翠鸟为基数，每百只翠鸟才可选取5~6只为上品，每只翠鸟也只采28根羽毛，还必须“活取”。为了一个女人头顶的帽子，就要弄死翠鸟近万只，人类被大自然报复是迟早的事。

清乾隆二十二年（1757年），四大海关之一的粤海关，开始成为中国唯一对西方商人提供贸易口岸的管理机构，中国的茶叶自此从“十三行”源源不断输送到欧洲。同一年，一位名叫乔纳斯·汉威（Jonas Hanway）的英国人出版了一本书信体的书*Essay on Tea*，里面有三十几个关于茶叶的事，其中一个写到了如何给绿茶上色：

> 中国人通过使用一定量的铜绿来增加绿茶的色泽，我不能说我相信这个说法，但我也不惊讶，在欧洲，不仅在高级的调料酱汁中，连日常的腌菜都会加上点“有毒的东西”，我们都知道这个毒不死人，不过，我经常觉得我在绿茶中品出了铜的味道……这些茶叶会在“日本土”溶液中浸染，不仅颜色和味道有所改变，还会增加百分之二十五的重量。

英国人说话就是喜欢这么兜圈子，绕来绕去，比起来，美国人就直接得多了，一位到广州进货的美国商人沙利文·多尔（Sullivan Dorr）在日记本里就写到了给茶上色这件事，只是染茶的材料从铜绿换作普鲁士蓝：

> 去除干枝，明火或铁板烘干，直到色泽上佳，出现诱人的绿色，或许再将普鲁士蓝吹撒入绿茶，为其上色，这个方法多用于陈旧的陈茶。

从给陈茶上颜色这事就能知道，我们对于传统还是有继承的。外表的光鲜亮丽和内在的陈腐不堪，其实是当下很多事情的缩影。不过，分析潜规则、探讨大清关制和“十三行”的贪腐，并不是我想说的重点，主要是说了也没什么意义，只要多看看历史就知道，社会的进步或倒退，往往是权力互相斗争的结果。人们吵来吵去，改变不了任何事情，瞎耽误工夫。不过，美丑就不一样了，给茶叶上色，就如同整容，能化腐朽为神奇。没办法，我本人感兴趣的就是肤浅的外表，符合我审美的，越好看越好，对方那小脸蛋产生的多巴胺，足以让我忘却人世间的一地鸡毛。

人需要装扮，艺术作品也需要五颜六色，区别在于，今天的妆失败了，明天就可以改过来，不过，搁在作品上可就不好办了。想起此前中央美术学院美术馆办的一个展“林岗：写·生”，从线条到色彩，林先生算是把西方的色彩技法带回国内的先驱，在他之前，中国人画画因为格外注重线条，对颜色的把握总不到位，画的都说是“土油画”。当时看完展览，一直很想在颜色这方面说点什么，可又有点找不到头绪，五颜六色都憋在心里。直到前一阵子，看了一个浮世绘展，当站到葛饰北斋老爷爷的《神奈川冲浪里》面前时，我就如同是抑郁症碰到忘忧草，终于找到了聊点什么的入口。

那就是浪花的颜色——蓝。

画面中，大部分空间被前景翻涌的海浪席卷，小渔船在蓝色浪花中上下颠簸，船夫们匍匐之上，任由大海蹂躏，海浪翻卷出的水沫如同雪花落下，透视的消失点引向画面中的富士山。低饱和度的卡其色小船与大面积蓝色浪花形成强烈对比，浪花顶端冷色调的白与浪花深处的“普鲁士蓝”分层过渡。

完美！

小时候我也学过画画，以我连业余都谈不上的经验推断，把画画成这样一定是件巨爽的事。大胆的构图，强烈的颜色对比，让作品在一瞬间变得格外不一样，也或者说，它呈现出了本来的样子。在这之后，凡·高的星空就如同神奈川的浪花，星月之光被扭曲到不可思议，天空泛起相似的蓝色。

可以说，这种蓝色于浮世绘的繁荣功不可没。在日本早期的锦绘中的蓝，大多从鸭跖草中提取，鸭跖草有两枚蓝色花瓣，捣烂的汁液，可以当作蓝色颜料用于绘画。明朝时，用鸭跖草染色的羊皮灯风靡一时，如今在江浙一带，依然有匠人用它给亚麻布染蓝，不过这种蓝容易氧化，会慢慢褪成茶色。日本天保时期（1830—1844），绘师们开始在浮世绘中大量使用进口的颜料“普鲁士蓝”，不仅便宜，而且还特别适合表现水溶性的透明效果。

“普鲁士蓝”其实是一个莫名其妙的产品。很多看似英明无比的决定，往往都是莫名其妙的产物。顺便提一句，我本科的专业是化学，很早就知道化学的进步，主要依赖于人的粗心大意。

1709年，柏林的颜料制造商迪斯巴赫（Diesbach）准备制作胭脂红。据推测，他应该为了图便宜，从一位叫约翰·康拉德·迪佩尔（Johann Konrad Dippel）的供货商那里进了一批钾碱废品，这批货其实刚被迪佩尔使用过。

迪斯巴赫很快就发现一分钱一分货，他这批做出来的颜料的红色非常浅，为了补救，他就继续提纯，不过颜料的颜色没能越来越红，反而是变成紫色，然后变成了深蓝。

面对这次莫名其妙的生产事故，精明的商人——炼金术士迪佩尔初步判断，蓝色的产生，主要是因为硫酸铁和被动物油脂污染的钾肥碳酸盐之间的化学反应。的确如此，现代化学认为，钾碱已经和动物油发生反应生成了亚铁氰化物，而后，亚铁氰化钾又和硫酸铁发生反应，就形成了亚铁氰化铁，这就是“普鲁士蓝”。

失败真是成功之母。数次改良之后，迪佩尔将这种蓝色颜料大规模生产贩卖，发了大财。直到1724年，英国的一位化学家伍德沃德公布了破解配方，这直接导致了迪佩尔的破产，不过，这也直接地让普鲁士蓝在欧洲更流行了。

迪佩尔的故事并没有完结，破产后的他流浪去了斯堪的纳维亚，摇身一变成为了瑞典国王弗雷德里克一世的御医。这么看，他业务素质还是过硬的。一切关于迪佩尔的疯狂事迹，可以参照英国大诗人雪莱的妻子玛丽·雪莱在1818年创作的科幻小说《弗兰肯斯坦》，因为小说就是根据他的事迹写的，而电影又是根据小说改编的。

怎么说呢，大家都是人，只是有些人会更热爱生活。有的人喜欢吃得好，有的人喜欢买名牌，也有的人对破解世界的各种秘密情有独钟，一不小心就成了“科学怪人”。尽管还是处在肢体层面，迪佩尔已经算是研究克隆人的鼻祖了，虽然我一直搞不明白，克隆一个和自己一模一样的人到底有什么乐趣。

“科学怪人”迪佩尔始终坚信他配出来的神秘液体能使人长生不老，但在1734年的某天，他喝下了自己蒸馏出来的药水暴毙身亡。彪悍的一生呀！迪佩尔名声不好，很多人将他和那位纳粹的“死亡天使”约瑟夫·门格勒（Josef Mengele）相提并论，而据传他的出生地——德国弗兰肯斯坦城堡，也被列入当地文化旅游项目，不少人去那里就为了体验一下恐怖气氛。

不同的颜色代表不同的含义，比如，红色是热情的，白色是纯洁的，黑色是哀伤的。那么蓝色呢？还真跟“科学怪人”迪佩尔有些契合。日本歌舞伎的脸谱化妆中的“蓝脸”

就代表着阴险狡诈；古罗马，身穿蓝色衣服不是身份低下就是参加葬礼，还经常和死亡与地狱联系在一起；更糟糕的是有一对蓝色眼睛，女人有伤风化，男人娘炮可笑，真是人生大不幸。

按照康定斯基的说法：

蓝色是典型的天上的颜色，它创造的终极感觉是与安息相近的。当蓝色下沉得几近于黑色时，它唤起的悲伤几乎超越了人类情感。

在克日什托夫·基耶斯洛夫斯基的电影《蓝》中，朱莉用蓝色的钢笔修改已故丈夫的乐谱，尽管朱莉知道这份乐谱与另一名女子有关，黑色的乐符变成了蓝色，而蓝色墨水就像血一样弄脏了她的手指。

马塞尔·普鲁斯特的《追忆似水年华年》也特别喜欢蓝色，在第五部的“女囚”中，阿尔贝蒂娜就是永远不会被俘虏的大海，一切都在她海滨似的虹膜中：

> 她那细细长长的蓝眼睛，现在更细更长了，有点变了模样；颜色依旧没变，但看上去就像是一汪清水。以至当她闭上眼睛时候，你会觉得就像是合上了一道帘幕，遮蔽了你凝望大海的视线。

写得是真美呀！

其实，除了跟悲伤和死亡相关，长久以来，蓝色真没有什么历史地位，一开始就被黑色和红色甩了好几条街，这个状态一直到了12世纪。由于天空是蓝色的，圣母又住在天上，于是一位大胆的画家就给圣母玛利亚穿上了一件蓝色外套，居然挺好看。

嗯，圣母都穿蓝色了，国王也开始在衣服上大量使用蓝色。

嗯，王室都这么穿了，于是贵族们也就争相效仿。

嗯，上流社会都这样了，那下流社会……也就不用换了，原来也就是这个颜色。

没几年，蓝色成为了欧洲的时尚流行色。

不仅是在国外，在古代中国讨论蓝色，也很困难，还真不是地位不地位的事，因为连名字都不存在。很长一段时间里，蓝色都隶属青色，元朝开始流行起来的明明是“蓝花瓷”，可叫的却是“青花瓷”。因为进口钴料的参差不齐，不同时期的青花颜色都有着微妙的区别，青不青、蓝不蓝的。总之，跟黑色和红色不一样，想得到上好的纯蓝，很难，否则翠鸟也不会因为“点翠”惨死那么多了。

人性真是恶。

直到人工合成的普鲁士蓝出现之前，艺术家们常常痛苦于找不到物美价廉的蓝色。唯一稳定的天然蓝色来源就是青金石，最主要的产地就在阿富汗的巴达赫尚（Badakhshan）。兴都什库山脉的青金石开采历史超过6000年，1271年，马可·波罗路过此地的时候还写道：

> 这里有一座高山，从中采出了最好和最细的蓝色。在石头地面上有矿脉，蓝色就从中制得，还有许多山……平原上很冷。

青金石在天然状态下就是蓝色，并且带有浅金色的黄铁矿纹理，古人误认为含金，这也变相提升了青金石的价格。作为一种颜料，碾碎去除杂质的青金石可以调出不同强度的蓝色，尽管它不会因为光线照射而褪色，但由于覆盖能力弱，常用于面积较小的地方，当然最重要的原因还是太贵，一般人用不起。

中世纪的彩色手稿、文艺复兴时期的镶嵌画，还有埃及法老图坦卡蒙面罩上的蓝眉毛，全都是青金石。在敦煌石窟中，用青金石颜料的时间也很长，用量极大，在莫高窟考古发掘中，人们发现了一些古代画工使用过的调色碟等绘画工具，其中一碟中就有蓝色颜料。一分析，里面就是蓝色青金石和白色石膏的混合物，石膏是敦煌当地的，青金石是通过丝路传来的。

国内迄今为止未发现过青金石矿，价格自然就贵得惊人，堪比黄金。为了寻找可以替代的蓝色，其实人们一直在想办法，可惜办法不多。尽管还有石青，也就是碱式碳酸铜之类的廉价替代物，但真正让蓝色进入寻常百姓家的，还是化学意外而制成的普鲁士蓝。

作为第一种发明时间和历史都存在明确证据的人造颜料，毋庸置疑，普鲁士蓝的问世，一下子使蓝色的价格惊人地降低了，于非闇先生在《中国画颜色的研究》一书中说：

> 鸦片战争以后，外国化学颜料渐渐大量地进口，到了咸丰初年（1851年以后），洋蓝（德国制）、洋绿（鸡牌商标，德国制）、洋红（这洋红有日本制的，英国、德国制的，种类很多）普遍使用在染织、建筑彩画和民间画工的绘画上，原因是价钱贱，效果好，使用方便。

不过，这里面也有一段插曲，据东印度公司的档案和笔记中的记录，大约到了1827年，英国出口货物清单上的普鲁士蓝一下子消失了，英国人认为有一位中国水手扮演了“间谍”的角色，他在偷学了技术之后，回中国开办了工厂，一下子取代了海外进口。

如同名画《神奈川冲浪里》和“冲浪”没关系一样，有专家在研究过日本文献，尤其是长崎港贸易记录后认为，包括《神奈川冲浪里》在内，葛饰北斋的《富岳三十六景》里用的普鲁士蓝，其实已经是中国生产的了，算是中国蓝，和普鲁士没关系了。

但也不能说完全没关系，普鲁士人没准就喝到过我们用普鲁士蓝上过色的陈年旧茶。你看，那时候，我们打架不仅打不过西洋兵，就连东洋兵也没戏，但……那个什么，我们是专业的，八国联军的瓦德西还不是喝了我们赛金花的洗脚水。

凡·高，《卧室》，1889 年，芝加哥艺术博物馆

1888年至1889年，凡·高在法国南部的小镇阿尔勒共画了三个版本的《卧室》。在真实房间中，墙已被证实是白色的，但凡·高却画成紫色，至于现在视觉上的蓝色其实是颜料褪色后的结果。凡·高不知道颜料会褪色吗？他在1888年写信给他的弟弟提奥（Theo）时说："我刚刚查明，印象派流行运用的所有颜色都是不稳定的，我们更有理由大胆地使用它们，因为时间会使它们软化许多。"在后来的一封信中，他写道："绘画像花朵凋谢一样地褪色了。"

凡·高，《鸢尾花》，1890 年，大都会艺术博物馆

凡·高，《星夜》，1889 年，纽约现代艺术博物馆

上左图，工业革命后，大量的合成颜料产生了，它们异常明亮，也让野兽派、后印象派和现代主义的调色板变得斑斓夺目。在生命的最后阶段，凡·高努力去描绘周边花园中盛开的鲜花。在给弟弟的信中，凡·高说：你帮我多买一些普鲁士蓝吧。

上右图，这幅画应该是凡·高最受欢迎的作品了，已经到了你不好意思不感动的地步。我不太懂画，不敢评论，只是我觉得凡·高解决了一个很寻常但是又很难回答的问题：夜晚的天空是什么颜色的？是完全黑色吗？我想凡·高也应该思考过，在信中，他说：我要画一幅夜空下的丝柏树，那是一个多星的夜晚，基督是蓝色的，天使是柠檬黄……

葛饰北斋，《富岳三十六景·甲州石班泽》，大都会艺术博物馆

当便宜的普鲁士蓝流入日本后，一度导致了风景绘的大量创作和流行。北斋只用一种蓝，便能刻画多种场景，生机勃勃。当然在刻版的时候，成本也低多了，真是艺术和商业的双赢。

埃德加·德加，《舞者》，1880 年，大都会艺术博物馆

芭蕾主题于德加来说，就像睡莲主题于莫奈。德加经常在彩纸上进行素描，这幅作品就绘制在一张蓝灰布纹纸上。看过不少德加的画，总感觉是他在通过一个钥匙孔偷窥，匆匆一瞥，舞者在那里检查服装，有的在热身，有的在练习，背后的蓝色蝴蝶结特别醒目。

菲利普·德·尚帕涅，《天使报喜》，1644 年，大都会艺术博物馆

作为圣母之色，蓝色也是道德和贞洁的象征，红色和黄色因为太过耀眼，被尚帕涅放在了辅助的位置。尚帕涅是法国古典主义的主角之一，也是黎塞留和国王的最爱，这幅作品是他为法王路易十三的寡居妻子奥地利的安妮王后所创作的，安放在王宫的私人礼拜堂里。

毕加索，《女人头像》，

1903 年，大都会艺术博物馆

毕加索有一个蓝色时期（1901年—1904年），这时候的他经历了好友卡洛斯·卡萨吉玛斯的殉情自杀，加上他在巴黎举办的画展效果并不好，经济很紧张。蓝色是贫穷的象征，也是毕加索忧郁的写照。

毕加索，《弹吉他的老人》，
1903 年，大都会艺术博物馆

瘦骨伶仃的老者屈膝埋头，沉浸在自己对艺术的热爱和对生活的无奈中。在画这幅画时，不知道毕加索是否想到了自己，如果在这一行业走下去，那么自己就会像画中老人一样，潦倒贫困，孤苦街头。人生本来有七彩色，而我们可能也会像毕加索一样，在人生某一阶段短暂放弃了五颜六色，而独爱上蓝。

维米尔，《戴珍珠耳环的少女》（局部），1665年，莫瑞泰斯皇家美术馆

此画面世300多年来，世人都为画中女子惊叹不已。画面中的主体色彩由蓝、黄、灰、黑、白构成，柔和的衣服线条、耳环的明暗变化，尤其是女子侧身回首、欲言又止的回眸，唯《蒙娜丽莎》的微笑可与之媲美，而画中女子的真实身份，亦如《蒙娜丽莎》一样是一个谜。

维米尔，《拿水罐的青年女子》，1662 年，大都会艺术博物馆

维米尔经济上一直处于拮据状态，他所欠的债务，大部分是购买颜料的费用，这在今天看来可能十分难以理解。那时候，敢这么用昂贵的蓝色颜料的艺术家不多，维米尔绝对算一个。他一生有11个儿女，为了养孩子生活过得紧巴巴，但是在画中，他却这么愿意大手笔地涂刷蓝色，真豪横。

左图：毁灭世界的洪水来袭，毗湿奴化身为灵鱼，拖住了载有人类始祖摩奴的船，拯救了万物苍生。

右图：翻搅乳海之际，毗湿奴化身为龟潜入乳海之底，背负着曼陀罗山，最终使诸神得到甘露，保持长生不老。

蓝色，代表的是希望还是死亡？当我们的嘴唇和皮肤都变成蓝色的时候，蓝色代表的就是死亡，但印度三大神之一的毗湿奴却用全身蓝色的皮肤表明了自己的长生不老。

元晚期，尉迟恭救主青花罐，波士顿艺术博物馆

元青花的蓝色源于一种产自西亚的含钴着色剂，被世人称为“苏麻离青”，也叫“回回青”。经过1300摄氏度左右的高温烧制，就呈现出无法比拟的明艳之蓝。传说蒙古人尚蓝尚白是因为草原的祖先出自苍狼和白鹿。纵观元之前的朝代，国人似乎很难接受如此张扬的蓝。比起宋瓷的文雅，元青花似乎是另一个极端，好像一夜之间就为中华文明注入了另一种审美情趣。

目前，已知的画有人物故事情节的元代青花罐非常罕见，全世界不超过十个，此罐就是其中之一。罐身一侧是单雄信双手持槊纵马前冲；另一侧是身骑白马的李世民与手持钢鞭的尉迟恭正在交谈，两人身后，一兵士双手擎着一面“唐太宗”大旗。

古埃及，荷鲁斯之眼护身符，公元前 945 年—前 715 年，克利夫兰艺术博物馆

荷鲁斯之眼，又称乌加特之眼，作为护身符在古埃及广泛使用，它代表着法老至高无上的权力，也经常被描绘在死者的棺椁上，保护死者在通往彼岸的路上不受伤害。铜屑、沙子、钾碱混合而成的“埃及蓝”是人类制作的最古老的人工颜料，公元前2000年就已经开始使用，它的色泽介于蓝和绿之间。

古埃及十一王朝—十二王朝早期，木乃伊面具，
公元前 2140 年—前 1926 年，波士顿艺术博物馆

古埃及人认为黄金是肉体的颜色，但神的头发和胡须是蓝色的，所以用了青金石。据说埃及艳后克利奥帕特拉地喜欢用青金石粉来修饰睫毛，挺时髦的。

弗朗兹·马尔克，《蓝马之塔》，1913 年，1945 年后失踪

表现主义的画家似乎没几个开心的，呐喊的蒙克、扭曲的席勒，还有我偏爱的忧郁的马尔克。他和康定斯基合作创立了著名的“蓝骑士”。康定斯基回忆说，我们俩都喜欢蓝色，马尔克喜欢马，我喜欢骑士。马尔克有着自己的色彩理论：蓝色是男性的，庄严而充满理性；黄色是女性的，温柔而愉悦；红色是强烈的，如同蓝色和黄色相争时产生的力量。此画曾被盖世太保戈林收藏，德国战败后，该画失踪。

弗朗兹·马尔克，《大蓝马》，1911 年，明尼阿波利斯沃克艺术中心

对比这么饱满强烈，让人看着激动。现代西方的油画看色彩不是客观的，而是感性的。马尔克说：我周围不纯真的人无法唤起我的真实情感，但是不受沾染的动物，再次让我感受到了世间的美好。所以，对人类抱持怀疑态度的马尔克只画动物，从蓝色的马到紫色的狐狸、黄色的狮子，还有红色的驴，他画笔下的动物世界充满了神奇的颜色。

弗朗西斯・本杰明・约翰斯顿，《坐在岩石上吹奏的裸男》，1885 年—1900 年，美国国会图书馆

1842年，摄影先驱英国天文学家约翰・赫歇尔爵士（Sir John Herschel）发现水溶性铁盐在暴露于阳光下时会形成一种被称为普鲁士蓝的化合物，在水中冲洗后，图片就会留下一个蓝色的底片图像，因此得名“蓝晒法”（Cyanotype）。蓝晒法过去常被用于工程图纸，所以工程图纸称为“蓝图”。

伊夫·克莱因，《蓝色单色》，1961 年，纽约现代艺术博物馆

法国艺术家伊夫·克莱因在化学家的帮助下，合成了一种独特的群青蓝，他为这种颜色申请了专利，该颜色被命名为“国际克莱因蓝”（International Klein Blue，IKB）。克莱因认为蓝色是深度和无限，是自由和生命，是宇宙最本质的颜色。他将蓝色涂抹在雕塑上，涂抹到女人身上，然后印在大幅油画上进行创作。对于现代艺术，我还是有点说不清楚。

佛长什么样

看过的展览越多，越觉得这个世界上，压根就不存在“独立思考”这种事。地球越来越挤，碰撞是迟早的事，虽说碰在什么地方是个偶然，但老死不相往来是绝无可能的。“犍陀罗”就是最好的例子，从亚历山大大帝到印度的阿育王，从大夏一希腊人的米南德一世到来自塔里木盆地的塞人，还有来自波斯的安息人和大月氏贵霜人，这片土地的统治者们不停更迭替换，佛的种子也开始在犍陀罗生根发芽。其实，释迦涅槃后，近500年的时间没有佛像，也没人知道佛真正的样子，而那一尊尊佛像开始在人间被膜拜，就是从犍陀罗开始的。

佛陀头像，2 世纪，哈佛艺术博物馆

地中海式样的波浪发髻，梳理得一丝不乱，头顶扎成圆形的肉髻是犍陀罗的特点，被认为是佛陀智慧的象征，而且头发像王冠一样高高堆在上面，也象征着王者。

前些天，去嘉德艺术中心听一个讲座，不断有人离开，也不断有人进来，就这么讪讪地听完了，临走，看见二楼有个“犍陀罗佛像艺术特展”，展期还没结束，立刻欢天喜地地跑进去。想着自己到了不惑之年，对这个世界充满各种紧张感，看看佛像多少有点帮助。

接触过我的人都知道，我胆子小，论武力也打不过人，常常是回家了，才想起一句完全可以噎死对方的话来。为了不吃亏，就干脆碰到谁就拜谁，信仰极其不坚定。当然，我觉得这也有好处，到哪里都有组织照顾。在各大主流神明轮着拜了一圈后，我发现一件事，就是今天人们的崇拜，似乎很大一部分是建立在“仪式”上的。比如，善男信女烧香拜佛，特殊的日子，还要排队抢头炷香，与其说这是人理解了教义信佛的，还不如说是先见到佛像，行过大礼，才自我感觉相信了。您问他，拜的是谁，是什么？十之八九说不出来。

当然这也不奇怪，很多时候，都是一知半解的才会爱。所以，女孩子们就别再把那句话放嘴边了：如果你爱我，就应该知道……别逗我了，我应该知道的事儿多了。

J. G. 弗雷泽在他的神作《金枝》中写道，人类思想运动大体上都是由“巫术”到“宗教”，进而发展到“科学”。人类在向神灵祈祷之前，最早想通过魔法的力量来让自己如愿。所以，从“画符写咒”到“献祭跪拜”，再到“科学实验”，它们的底色都有仪式感。至于“科学”之后，我们要相信的是什么呢？他没说。

赫曼·奥登伯格的《佛陀》里说：佛教是没有神的信仰。大概这就是释迦涅槃后，近500年的时间没有佛像的原因，也没人知道佛真正的长相。而那一尊尊佛像开始在人间被膜拜，就是从犍陀罗开始的。

犍（jiān），奇怪的字。

我一直读健（jiàn），读音不一样，但似乎别人也都听得懂，关键是那么多伟大到无所不知的听评员居然没扣我钱，如果不是他们无知，那我真心感谢他们容忍我的无知。强迫自己翻了《新华字典》，发现这个字还指代过《山海经》里一种上古神兽：

> 有兽焉，其状如豹而长尾，人首而牛耳，一目，名曰诸犍。善吒，行则衔其尾，居则蟠其尾。

大意就是：有一种兽，形状像豹子但尾巴特别长，长着人的脸和牛一样的耳朵，但只有一只眼睛，名叫“诸犍”，喜欢吼叫，走的时候便把自己的尾巴衔在嘴里，休息的时候就把尾巴盘在身边。这习性跟猫科动物一样。到底从什么时候开始“犍”这个字意指公牛，而且特指阉了的公牛呢？我不知道。

在中国古代文献中，犍陀罗还真被叫过健陀罗，也叫作香遍国。位置大约在今天巴基斯坦白沙瓦和阿富汗一带。这是个十字路口。通过犍陀罗，丝路上自东方来的中亚商队，往西奔了波斯，往南就是印度。随着阿拉伯海的航线开通，从公元前50年起，欧亚之间的贸易急剧增加，此地繁忙。世界上本没有路，走的人多了就有了路，而最先开始走的必定是商人。这使犍陀罗具备几个特点：一是各种文化交会极为繁荣；二是商贸发达积累巨额财富；三是成为各路兵家必争之地。

犍陀罗（Gandhāra），这个词是两个梵文词的组合，“Gand”意为“香味、芬芳”，“hāra”意为“土地、地区”，合在一起的意思就是“芳香之地”，通俗地说就是“香遍全国”。在《梨俱吠陀》的记载中，犍陀罗是一个位于印度河西岸、喀布尔河南岸的地区，以犍陀罗人和出产优质的羊毛著称。在《罗摩衍那》中有这样的记载：

吉迦之子婆罗多，把这些英雄击毙。

他就进入两座城，城中财宝无法计。

陀刹的呾叉始罗，补沙迦罗的补沙迦罗婆底。

美好的乾闼婆国，还有美好犍陀罗。

在整整五年当中，挤满城镇市民多。

到了公元前6世纪，印度开始进入了“列国时期”，北印度出现了十几个大大小小的国家，犍陀罗就在其中。公元前535年，波斯阿契美尼德帝国的居鲁士大帝，带着军队跨过兴都库什山进入喀布尔地区，印度河两岸林立的小国纷纷被征服，犍陀罗也成为了波斯帝国的第二十个省。

公元前330年，波斯人被马其顿年轻的亚历山大大帝打败，大批欧洲人蜂拥而至。据说，当时跟随亚历山大的数万希腊人都留在了亚洲中部，也和当地女子通婚，亚历山大就娶了贵族女子罗克珊娜为妻，而当他去世后，这些希腊后裔就建立起了希腊化的地域政权。

如果不是突发的疾病让亚历山大的生命终止在32岁那一年，我们难以想象，“希腊化”的世界是否还将拥有多广阔的疆域。有人统计过，希腊人从老家地中海到帕米尔高原，一共建造了70多个亚历山大城，北非尼罗河口的亚历山大城是当时西方最大的城市，人口百万。从地中海到两河流域，人口数十万的城市星罗棋布，亚洲最东部的亚历山大城就是阿富汗的阿伊哈奴姆，建筑是典型的希腊风格。法国探险队还在这里发现了大量希腊人物和神像的雕塑，还有希腊文铭刻以及手稿残卷。

这几年，看过的展览越多，越觉得这个世界上压根就不存在“独立思考”这种事。人的见识都是从不同路径得来的，比如说，有人是从父母娘舅二大爷，有人则从尼采老子柏拉图。您一定要认为，前者看问题的角度不如后者，那就相当危险了，因为哲学家可没几个过上好日子的。不过，要是您只知道前者而不知道后者，那人类千百年来累积的大智慧从此就和您无缘了，那也相当遗憾。

公元前4世纪后期，犍陀罗并入了旃陀罗·笈多创立的孔雀王朝版图。从印度的阿育王，到大夏—希腊人的米南德一世（米南王），再到来自塔里木盆地的塞人（斯基泰人）、来自波斯的帕提亚人（安息人），这片土地的统治者们不停更迭替换，佛的种子也开始在犍陀罗生根发芽。

按照历史规律，一个短命的世代后，必然会有一个长久的王朝。终于，犍陀罗最繁荣的时期到来了。

公元前1世纪，中国甘肃祁连山一带的大月氏被匈奴赶到了白沙瓦，帕提亚人的统治宣告结束。月氏王便把此地一分为五，交由五位翕侯管理。五翕侯之一的“丘就却”崛起，他统一了其他四部，在喀布尔河流域自立为王，国号贵霜，其子阎膏珍征服了犍陀罗和北印度地区，将版图扩大到了克什米尔、印度河流域。约1世纪初期，迦腻色迦继位后，贵霜帝国的统治达到极盛，东西方贸易往来达到顶峰，丝路将东方的丝绸和香料运抵西方，西方的金银器和玻璃品也传来东方。

与阿育王、米南德一样，迦腻色迦信奉佛教，这一时期，大量的浮雕、菩萨像、佛陀像印证了犍陀罗艺术的巅峰，也为更东方的中国、朝鲜、日本佛像提供了最初的范式。

刚才说，在早期佛教艺术中，没有以释迦牟尼为主体的佛造像。这是因为释迦成佛之后，具备了神格，这就没法用一般凡人的形象来表现。在他涅槃之后的500年间，佛的弟子和信众们主要尊崇了他追求自我解脱的法子，以静修和冥想为主，对佛的纪念往往用象征物来暗示，如菩提树、宝座、莲花等，通俗的理解就是睹物思人。这个时期被称为“无像时期”。但这个“无像”里包含的艰深教义并不利于传播。

很多正确的事情，往往不具备天生的吸引力。都说读书好，但读书的人是越来越少。广大的人民群众，认字少，说了也听不懂，没法大规模普及，况且佛教传播主要靠心平气和的方式，不能杀人，不能放火，也不能强迫。总之，形式上需要一个可看，甚至可摸的形象。不过，“像”是从无到有，那按谁的样貌做呢?

在经典记载中，有一个关于佛祖的描述：悉达多出生七天后母亲摩耶夫人就去世了，升入到忉利天。悉达多太子成佛后，就到忉利天为母说法，大护法优填王担心思念，就请释迦牟尼走到水边，按照水中的倒影绘制了佛的相貌，又请目犍连主持用旃檀木雕刻了佛像。佛从忉利天复降人间，王率臣民往迎佛，旃檀佛像升空谒佛，佛为之摩顶授记说：我灭度千年后，汝往震旦，广利人天。这就是旃檀佛的来历，所以，佛最早的像——旃檀佛是立像，右手结施无畏印，左手结施愿印，身上是水波纹。

在希腊文明和大乘佛教的相互影响下，最早的佛像产生在了犍陀罗。之后，佛造像也是不断融合，材料往往就地取材，地域特点越来越明显。至于样貌细节，欧洲的学者们大都认为，佛像以希腊神话中的阿波罗为原型，厚重的袈裟，也和希腊有关系。也有人认为，佛像是以掌管丰收的古印度夜叉神为原型，源头是印度马土腊地区。

看过了一些，自己也总结了点规律：波浪的发型多属于犍陀罗风，螺发是马土腊风；犍陀罗多用青片岩，马土腊则是红砂岩；还有犍陀罗的五官清晰，轮廓分明，而马土腊的衣纹薄透，身材更匀称。

这个不一定准确，因为没有任何一种艺术形式是突如其来的，各种风格也都是相互影响。我想过，要成功做到犍陀罗这种程度的大融合，多半就在于雕像上。前一阵子去北京居庸关爬长城，路过一个云台，高高的券门内有《陀罗尼经咒》题刻，数了数，一共用了汉、藏、西夏、梵、维吾尔和八思巴六种文字。文字奇奇怪怪，一般人识别困难，但周围雕刻的四大天王、飞禽走兽的形象，大家看着就眼熟多了。

大导演特吕弗曾经对美女伊莎贝尔·阿佳妮说：单是你

的面孔就能讲述一个动人的故事。我觉得这句话放在犍陀罗佛像上也适用。没有任何亵渎的意思，任何美好的东西都不强迫你随时注意他们的“美”。就算你闭上眼睛，佛像也会在你心里发光，不是吗?

我想阿勒弗莱德·福舍博士应该就挺同意这个观点，他认为犍陀罗艺术是希腊人父亲、印度人母亲所生的混血儿。而在约翰·马歇尔的《犍陀罗佛教艺术》中有个更有趣的说法：犍陀罗的婴儿时期处在塞人的统治下，它的儿童和早期青春时期处在安息人的统治下，而它的后期青春和成熟时期处在贵霜人的统治下。你看，很多不容易理解的事情，一拟人就好懂多了。

从红尘大梦中顿悟觉醒者，是佛陀。这个道理说起来容易，醒起来难。看完展览，在回去的地铁上，我和大家都一样，马上掏出手机刷朋友圈，精彩的赶紧点赞，深刻的必须转发，再看看八卦……无论是快乐还是烦恼，人人都沉浸在“梦”里，也不知道是真是假。没办法，这个世界更新得太快了，关机半天，就觉得自己被全人类抛弃了。所以我们拼命地各种社交，人们崇拜的不再是伟大的“山脉”，而是“人脉”。

曾经的犍陀罗国已经不复存在，不变的是这里依然是个十字路口，依然是一个是非之地，也是帝国的坟场。当年玄奘法师虔诚路过的巴米扬大佛已经被炸毁了，白沙瓦也成了文物走私的天堂，被盗掘出来的文物换购成了枪炮弹药。这里的人都小心翼翼地活着，可原本的犍陀罗，难道不是一片应该散发香气的土地吗？

这个世界真不怎么样。

《诸佛经》残片，公元前 1 世纪，美国国会图书馆

大多数的犍陀罗语佛教文献是用芦苇笔蘸墨，书写在经过抛光、上油等程序制成的桦树皮上。这是迄今已知最早的佛教经卷，内容呈现了15位佛的传记。对于犍陀罗语，浙江大学的孙英刚教授建议我多去看看辛嶋静志和辛姆斯·威廉姆斯的研究，也向对此感兴趣的朋友们推荐一下。

佛陀涅槃浮雕，2 世纪—3 世纪，大都会艺术博物馆

佛陀卧于两棵娑罗树间的床上，头北而卧，周围是他的弟子和追随者。背对着坐在佛前的是他最后的弟子须跋陀罗。接足礼拜的是佛的大弟子摩诃迦叶。在佛的身后是为佛举行葬礼的末罗人。

菩提树旁的悉达多，100年—200年，克利夫兰艺术博物馆

祭坛、菩提树，地上的一位女神在佛面前恭敬地跪下。乔达摩·悉达多在菩提树下，七天七夜苦思冥想。黎明时，他第一次睁开眼睛，看着那灿烂的星空，会想到什么呢？

苦行中的释迦牟尼像（局部），2 世纪—3 世纪，拉合尔博物馆

这座佛像表现悉达多太子雪山6年苦行时的容貌，深陷的眼窝、瘦削的脸庞、暴露的青筋、凸显的肋骨。与一般的佛陀雕像不一样的是，此像表达了修行到达的精神境界。同一主题的还有敦煌莫高窟260窟（北魏晚期）的一尊泥塑，以及大都会艺术博物馆的一尊石刻坐佛像（佛头已无），但以此像最为摄人心魄。

1700年前的那位工匠，深谙解剖学，每一个脉络与形体之间的微细差别都表现得淋漓尽致，展现了佛在生死之间徘徊之态，震撼！

佛陀坐像，南京大报恩寺遗址博物馆，嘉德艺术中心展

我很少见到这么漂亮的佛像。佛靠人养，人靠佛佑，佛首的背光上刻着的佉卢铭文是供养人的名字，可惜我看不懂。

弥勒菩萨和侍从，约 4 世纪晚期，波士顿艺术博物馆

季羡林先生推断：佛家的未来佛弥勒佛和基督教的救世主弥赛亚是同一个人。他考证，早期佛经的原本大多是“胡本”，是用中亚和我国古代新疆的语言文字写就的，因此“弥勒”Maitreya很可能是从吐火罗语的metrak翻译过来的，这个字和梵文的maitri（慈悲）有关。而犹太教、基督教的救世主名叫“弥赛亚”，英文是Messiah，是从希伯来文masiah（或mashiach）翻译过来的。maitri和masiah的拼法十分接近。原来东西方等待的是同一个神？

佛三尊像，3 世纪—4 世纪，南京大报恩寺遗址博物馆，嘉德艺术中心展

佛陀坐在莲花宝座之上，左边为手持宝瓶的弥勒，右边为手持莲花的观音，上左为帝释天，上右为梵天，高处的一位天使将花环戴于佛首之上。佛身上不戴饰品，赤脚，象征佛陀顿悟真理，去一切烦恼。而菩萨多出身于贵族的婆罗门和刹帝利阶层，会有天冠、发髻、璎珞与臂钏等装饰。

手持弓箭的毗沙门天像，4 世纪，大都会艺术博物馆

这些门神雕像常被作为寺庙守护者，竖立在寺庙的周围。佛教寺庙的守护者却是非佛教神，这点很有趣。不过也不奇怪，佛教往往会借其他宗教文化的形象为自己所用，战神韦陀其实也是湿婆的二儿子，而印度教也认为释迦牟尼是毗湿奴的其中一个化身。

北朝，坐佛像石膏范，和田地区博物馆，
北京大学赛克勒考古与艺术博物馆“千山共色：丝绸之路文明特展”

北京大学的陈凌教授跟我说，这个范出自和田地区于田县吉格得库杜克遗址，用范制作佛像的方法传自犍陀罗地区。东汉晚期，犍陀罗文化逐渐传入西域，南北朝时开始大量东传，尤其是5世纪时，北魏太武帝统一黄河流域，河西走廊的西域门户大开，犍陀罗文化进入汉文化地区畅通无阻。

犍陀罗佛首，4 世纪，圣路易斯艺术博物馆

顶着发髻的犍陀罗。美，一定是共通的，但人们也都在按照各自对佛的理解塑造心中的佛像。

弥勒菩萨立像，2 世纪—3 世纪，圣路易斯艺术博物馆

这是一件出土于巴基斯坦开伯尔—普赫图赫瓦省的菩萨像，上身赤裸，左肩挽起长袖，头发和衣纹的表现手法具有罗马风格。那么造像的人是罗马人？小亚细亚人？犍陀罗人？

弥勒菩萨上身赤裸，头戴宝冠，身挂璎珞。婆罗门出身的弥勒常手持水瓶，垂到肩膀的头发也是婆罗门的一个象征。

弥勒菩萨立像，
约 3 世纪，大都会艺术博物馆

灰泥材质的佛像在不产灰岩的哈达地区和塔克西拉非常多见，方法一般是在木头上缠绕绳子，再抹上灰泥造型。从颜色上看，应该是颜料中有氧化铁成分，经年日久，头像就残留着红色。鲜艳的红，闪耀的金，整个寺院一定是金碧辉煌的场景。

佛首像，
4 世纪，圣路易斯艺术博物馆

青铜佛坐像，1 世纪—2 世纪中期，大都会艺术博物馆

这座佛像举起右手，摊开手掌，面向前方，施无畏印。注意脑后的锯齿形背光以及发型，如果最早的释迦牟尼形象是这样的，你觉得如何？

半跏思惟弥勒菩萨像，2 世纪—3 世纪，芝加哥艺术博物馆

很熟悉吧，我们常用这种姿势思考“人生”，半跏思惟弥勒菩萨像通常被认为是表现成佛前的悉达多太子在苦思人生哲理时的情形。

阿特拉斯像，2 世纪—3 世纪，克利夫兰艺术博物馆

阿特拉斯（Atlas）是希腊神话里的著名人物，属于泰坦巨神一族，他因为对抗宙斯，而被惩罚在世界最西处用头和手顶住天。欧洲人多以他举起地球的形象装饰地图册，所以地图集也被称为Atlas。

特里同浮雕建筑构件，2 世纪—3 世纪，
南京大报恩寺遗址博物馆，嘉德艺术中心展

特里同（Triton）是古希腊神话中海王波塞冬和海后安菲特里忒的儿子，上半身是人，下半身是鱼。可能是跟山上的半人马人（Centaurus、肯陶洛斯人）的形象有所结合，腰间长有马的前蹄，变成了横跨陆地和海洋的双栖物种。特里同和阿特拉斯，两位都常见于犍陀罗地区的建筑构件中。

般阇迦和鬼子母神像，100 年—150 年，洛杉矶郡艺术博物馆

左边的般阇迦（Panchika）是天龙八部中的夜叉，与罗刹同为毗沙门天王的下属，在八大夜叉中排在第三位，既是武神也是财富之神。右边的就是他的妻子鬼子母神——珂利帝母（珂利帝就是梵名Hariti的音译），护法二十诸天之一。鬼子母原为婆罗门教中的恶神，专吃人间小孩的“母夜叉”。被释迦教化后，成为丰收、多产的女神，也是儿童的护法神。有意思的是，鬼子母来到中国以后，完全被汉化成了本地形象，变成了送子娘娘或送子观音。

该雕像出自斯瓦特地区，一对站在莲花座上的音乐家夫妇，右边的人手持响板，左边留着胡子的男人在演奏着一种类似琵琶的乐器。我问过好友马铮，他是国内著名的西塔琴演奏家，他说从演奏姿势和四弦四柱的规制上看，觉得很像是曲颈琵琶，那是一种源自乌德琴（Oud）的拨弦乐器，也是琵琶和吉他的祖先。

两位音乐家的合奏，
约 1 世纪，
克利夫兰艺术博物馆

两贵族妇女像（大隧道本生——两母争子），2世纪，洛杉矶郡艺术博物馆

《佛本生故事》，由500多个本生故事组成，僧人讲经时经常引用，以警示人们行善去恶。以本生故事为题材的文学、绘画、音乐等作品非常多，遍布于东西方各国。比如这座雕像应该就是“大隧道本生”的开篇“二母争子”：一母夜叉抢得一男孩，强辩说是自己的儿子，与孩子的母亲争吵起来。菩萨为断明此案，在地上画出一条线，将孩子置于线上，命双方拉拽孩子，规定谁能把孩子拉向自己的一方，孩子便归属于谁。孩子在拉拽下大哭起来。生母心疼，松开了手，于是菩萨断定“心疼孩子者必为其母亲，而只顾拉拽、无动于衷者必为假冒”。太眼熟了吧，类似这样的故事还有“兔本生”，就是月宫兔子；还有“巨响本生”，其实就是“咕咚来了”。

不也很好吗

表现和装饰的冲动，宗教的人神同性，还有运动和理想，这是希腊艺术的来源。但仅有灵感并不能使希腊的艺术伟大，还需要卓越的技术。对希腊人来说，艺术就是一种手工艺，艺术家也很自然地从工匠中产生，大名鼎鼎的乔托、戈佐里、曼特尼亚……记得希罗多德说过，海伦是全希腊最美的女人，而传说中第一只杯就是以她的乳房为模型制作的。那真是一个充满艺术想象力的时代，人、神、兽、怪都共存于世。古希腊的事，很难分清楚是神话传说还是日常生活，不过这也正是好玩的地方。

戏剧场景的圣餐杯（混合酒和水的大碗），红绘，公元前400年—前390年，大都会艺术博物馆

这种大碗在宴会中是必备的，因为在古希腊人的眼中，不论喝的葡萄酒有多好，如果喝不掺水的葡萄酒就是野蛮的。不仅是水，他们还会在里面添加蜂蜜、香料、海水等等，越正式的场合加的料就越多。要是这么个喝法，千杯不醉似乎也不太难，能聊一晚上。

作为一个伪历史爱好者，我没少看历史畅销书，作者们有理性去写的，也有感性去写的，但基本上都是在讲段子，各路八卦和史料攒在一块，给我们凑出个大概其来。

有点不求甚解，朋友建议我多看几本正经的历史学术书打底，有些历史畅销书就是大毒草，我必须悬崖勒马。这话听起来入情入理。想想，正赶上看完中华世纪坛的展览“彩绘地中海”，大希腊的热乎劲还在，脑子里除了叹号，也留下一大堆问号，马上就买了本“历史之父”希罗多德的经典名著《历史》，打算研读一番，结果一不留神，看见了更多让我困惑的段子。

希罗多德说，英俊的帕里斯（Paris）王子与海伦私奔后，本来想带着海伦回特洛伊，但海上的飓风却把他们吹到了埃及。埃及的祭司们也不客气，直接将美女海伦和财宝据为己有，并把这位王子一人赶回了特洛伊。所以，海伦从来就没到过特洛伊！也就是说，希腊人和特洛伊人为了一个幻影打了快十年的战争，死伤无数。

希罗多德还说，东方住着一个“秃头族”，他们一生下来就是秃头秃脑，并且样貌奇异，长着狮子一样的鼻子和巨大的下巴。而据秃头人说，在更遥远的东方还居住着一群长着山羊腿的人，他们一年当中要睡半年觉。

还有，希罗多德语重心长地讲，古希腊的男人们对家庭生活都并不热情，而成年男人和英俊少年之间的“雅典之爱”……他还说古波斯人没少跟他们学这事。

原本我是准备打持久战的，就差一开始焚香沐浴，但《历史》中的奇人怪事越看越多，跟神话小说似的，好玩极了，很快就翻完了。有惊心动魄，也有缠绵悱恻，于历史没啥大收获，只是觉得开心极了。

非要将“神话”和“历史”势不两立，这是今天人们才干的事。现代人偏执地认为神话是虚构的，而历史作为神话的对立面，必须是真实的。我一百个不赞成这个非黑即白的观点，跟处处矫情的现代人精们相比，古人往往单纯得要命，面对似懂非懂的苍茫世界，几千年前的人类也就是刚摘掉弱势群体的帽子，仿佛是鸦片战争后的国人一样，看洋人的东西大都觉得神奇。本来嘛，这个世界就是每个人不同认知的投影，你只能看到你相信的那些东西，你只能理解你能理解的那些东西。

标准都是人定的。历史成为一门学科，那是19世纪才有的事，在漫长的岁月中，历史更像是一种文学，也是一种神学。从语源学上看，“history”这个词，最早来自古希腊的爱奥尼亚方言，也就是希罗多德写《历史》用的语言，意思是“通过调查而学习”或“原本叙述所知”。在公元前500多年前，如果希罗多德老先生磨破嘴、跑断腿就只知道了这么多，他原原本本记录下来这么多，你说他错了吗？

再说，这个世界真的有所谓的真相吗？更多的是人的不同观点和故事的集合。我们认识世界，实际上就是在接受观点，能力达到什么程度就只能看到些什么东西。

我们先来幻想一下美女海伦吧。我希望到处都是美丽的姑娘，而不是只有一个美丽的姑娘。几十万英俊的武装帅哥，不明不白打了快十年，死的死，伤的伤，就为了一个女人，那不是傻是什么？烽火戏诸侯都不会这么写。打归打，木马归木马，希腊人和特洛伊人都不至于这么愚蠢，那些相信“冲冠一怒为红颜”理由的人，才是真笨。

还有那个“秃头族”，听说前些年被证实了，好像是住在乌拉尔山脉的巴什基里亚人（Bashkirs），因为在希罗多德的记叙中，有些饮食上的传统至今还能对得上号。我觉得，当时他老人家可能就是吃不惯，没做好跟当地群众深入交流的准备。当然，这点我们也要检讨，中国餐饮文化博大精深，孔老夫子割不正就不食，所以有很长一段时间，咱们的读书人都觉得番邦异族皆茹毛饮血，见都不要见，谈也不要谈，当然最后我们是吃了大亏的。

那下面我要讨论的就是“雅典之爱”了，这个要是说不好，容易被人骂。据我观察，确实有一大堆的道德洁癖者存在，他们的行为方式就跟我们的节目听评员一样，哪怕是无意中读错的一个字音，他们都如获至宝。不过，这次我一点也不担心，因为证据实在是太多了，包括刚才说到了的特洛伊战争在内，古老的神话传说、百姓的日常生活，能说的、不能说的，都画在了古希腊的陶瓶上，比文字记载还一目了然，看图就行了，不用说话。

古希腊陶瓶指的是约公元前900年至公元前300年的古希腊陶器。可能是古希腊的文化艺术过于辉煌，18世纪以前，只有少数一些学者对这些不起眼的残瓶烂罐感兴趣。这种状况一直持续到18世纪的中后期，文物大挖掘，大量精美的陶瓶出土后，关注的热度开始升温。这里面，有一位英国人威廉·汉密尔顿得说一下。

1764年，34岁的汉密尔顿被任命为驻两西西里王国的英国特使，也就是在任职的一年时间里，他效率非常惊人，疯狂入手了数百件出土的精美陶瓶。一边在那不勒斯疯狂扫货，一边转手卖回英国。真是服气，人家汉密尔顿的带货能力强。研究和销售——爵爷是两手抓两手都硬，还重金出版了一本精美图书《伊特拉斯坎、希腊与罗马古物藏品，来自英国王室驻那不勒斯宫廷特使和全权代表汉密尔顿阁下》（*Collection of Etruscan, Greek and Roman Antiquities from the Cabinet of the Hon. W. Hamilton, His Britannick Majesty's Envoy Extraordinary at the Court of Naples*）。

书名很直白。“我在国外收文物”的故事，一时吸粉无数，英国的“陶瓷之父”乔赛亚·韦奇伍德还成了他的客户，搞得那时候的有钱人都觉得，宅子里怎么也得摆个古希腊陶瓶，那是身份的象征。

紧跟着爵爷，还有一位大人物对陶瓶的事业极其上心，他就是拿破仑的弟弟卡尼诺亲王——吕西安·波拿巴。亲王跟他的亲哥皇帝陛下关系处得一般，长期住在意大利。很偶然的一天，他在罗马自家的领地上发现了一些古陶器。原来家里还有古墓！正愁没事干呢，他迅速组织起了一支挖掘队。几年下来，也倒腾挖出了两千多件瓶子，其中两百多件上带铭文。此后，他将这批文物公开展览。和之前的汉密尔顿一样，亲王也是一边挖，一边卖。

古希腊黏土资源丰富，出于储运橄榄油和葡萄酒的刚需，陶器自然就成了生活必备品。当时一个普通雅典人每天接触到的陶瓶可能不下30种。制陶业在古希腊算是个朝阳行业，十分发达，不仅在近海的雅典，在各城邦也都有大大小小的陶器作坊。制作的种类也非常丰富，除瓶外，还有杯、碗、瓮、壶、罐等等，除了满足本国的基本需求，还出口创汇，作为拳头产品销往地中海各地。

和中国的古彩陶一样，最初的希腊陶瓶也都是几何纹样，很朴素。随着频繁的海外贸易、不停的战争交流和各种大小体育比赛，到了公元前7世纪，来自埃及、亚述诸国的东方式样越来越多地出现在陶器上面。

木心先生讲过这么一个故事：

> 男女孩为邻，相好。两家父母争执，不许他们通音讯。维纳斯使其壁有洞，每日以洞凝视、谈话、接吻。一日，约在城外大白桑树下见，女不见男，怅，闻草动，原来是狮。狮出，跳叫，女逃，狮把面纱扯得粉碎。男至，不见情人，却看狮的足迹和丢弃的面纱，绝望而自杀。女回，见情人蒙面纱而死，从男子胸口拔出刀来，自刺其心而死。桑果原为白色，染情人血，转成红色。

你看，爱情是美好的，爱神维纳斯也愿意成人之美。但木心说希腊神话真是美丽而糊涂。神仙相当不靠谱，帮忙总是帮一半，悲剧难免。不过，我这里引用这个故事，并不是要说爱情，只是想从侧面辅证一下“交流”，当然爱情也是一种交流。

和中国一样，原本希腊也是没狮子的，但在希腊的神话传说中，别说故事里的那头吃人狮子，世界各地的奇怪物种都相当齐整，像什么斯芬克斯（Sphinx）、海妖塞壬（Siren）、格里芬（Griffin）、半人马（Centaur）等等。那真是一个人、神、兽、怪共存于世的时代。看古希腊的东西时，很难分清楚神话传说和日常生活，不过这也正是好玩的地方。

大概在公元前6世纪，希腊陶瓶上的一种“黑绘”技术横空出现了。所谓黑绘，就是在红色陶器的本色上，用黑（漆）颜料画出主题的轮廓和内容，烧制完成后，就是红底黑画，有点像是黑色的剪影画，很适合用来描绘人们运动的样子。我看过不少这个主题的瓶子，越看越觉得年轻真好，都生机勃勃的。

古希腊是为数不多对人身材有要求的时代。哲学家卢西安说过，年轻人不能骨瘦如柴，也不能肥胖过重，而必须有鲜明刻画出的匀称线条。他们挥汗去除赘肉，去除病弱的地方，只留下力量与韧性，他们努力维持身材。

不过，再好看的肉体，看了100多年也会腻。到了公元前6世纪末，“红绘”诞生了，红绘和黑绘正相反，它主体部分为红色，其余背景地方涂上黑釉，烧制后，就是黑底红画，有点像咱们的漆器。从视觉效果上看，红色在黑色的背景衬托下会更加突出，本来浅红棕色也跟地中海人民群众的肤色相近，所以红绘一诞生就非常受欢迎。有些陶瓶还把红绘和黑绘结合在同一个瓶子上，层次感更强，很漂亮。

之后，又过了100年，大约在公元前460年，古希腊人还发展出了一种“白绘”。就是先在陶瓶坯子上刷一层石灰水，再用红、绿、黄、黑等各种颜料在上面构图。其实这种工艺并不复杂，更多考验的是绘画水平。一定要把哀伤、离别的难过表现出来，让人一看就得有那种“世界上最美好的东西已离我而去，要不也把我带去吧”的痛。这种白底陶瓶挺文艺，是陪葬用的。

只要不是色盲，掌握古希腊陶瓶的辨别就完全没问题。之前看过报道，说色彩专家们做过测试，普通人眼识别的颜色可达180多种，厉害一点的能识别200种。我确实有点没想到，原来我们的世界这么色彩斑斓。

今天孩子们花10来块钱，就能买到一大把的彩色铅笔，但人类认识的世界还是从最基础的“黑、红、白”三色开始，而且还总是两两组合。比如起源于6世纪的印度象棋，棋子就是“红与黑”。到了10世纪，象棋传到了欧洲，棋子就改为用“红与白”。直到文艺复兴后，国际象棋才变为了今天大家熟悉的“白加黑”。

和颜色简单的希腊陶瓶不同，中国的彩陶，好像没有集中用某种颜色的习惯。这种东西方差异，我有点说不清楚，隐约觉得跟颜色认知有点关系。也不仅是颜色，图案也一样，旱的旱死，涝的涝死。中国彩陶或青铜器上的图案，没人。希腊陶瓶上，全是人，体育馆锻炼的、骑马的、作战的、受伤的、快死的、送葬的、恋爱的、风月场的、吃喝玩乐的、做家务的、表演的、呕吐的……看着特忙。

难怪罗丹大师说过：希腊人热爱生命，请看这块墓石，上面没有什么东西能令人想到死亡。先别跟我说下辈子，这辈子我先痛痛快快的。

国内的一些人很喜欢把古希腊陶瓶和汉画像砖来做各种对比，我总觉得这有点像“关公战秦琼”，主要是时间对不上，而且一个是为了生活实用，一个是墓葬专供。

古希腊对应的是我国春秋战国时期。彼时两边的体制相似，都是奴隶社会，但古希腊没有形成政权高度集中的专制制度，除了奴隶，各城邦里自食其力的人也有不少，所以希腊工匠不仅仅只为少数奴隶主服务，自己也得开拓市场，也有在产品上署名签字的权利。而在春秋战国时期，贵族们的权力非常集中，奴隶们只是劳动机器，能享有青铜器的人，您琢磨琢磨都是谁。

再说图画，青铜文化的艺术成就非常高，但形制和装饰的图案并不生活化，饕餮、夔龙看着就让人害怕。害怕就对了，因为统治者的目的就是让你害怕。福柯说过：话语即权力。这话反着说也没毛病：权力即话语。中国的青铜器其实都是厨房餐具，周天子的大鼎就是上硬菜时候的家伙什儿，煮肉用的。

想起此前，我在故宫武英殿看过一个良渚遗址的展览，挺震撼，世界文化遗产实至名归。不过，看到“玉琮王”的“神人兽面纹”时，还是吓了我一跳。工艺确实是细，但那个相貌也真是狰狞，人不人、兽不兽，怪异得很难形容。当时我就琢磨，咱们中国人和西方人在看待神灵的心态上，区别真大。

中国人对神的态度，是又爱又恨，既想着保佑自己，又想着惩罚敌人。这种幻想和恐惧既制造了人和神的距离，也赋予神的陌生和狰狞，从“神人兽面纹”就能看出来，他们高不可攀，也深不可测。

古希腊那边，由于权力体制上没有绝对集中，对人性比我们重视，众神不仅不让人感到恐惧，他们还和人一样有着各种欲望和烦恼，他们既不是造物主，也不是道德审判者。跟人相比，神只是多了一点偶像包袱罢了。所以希腊智者普罗泰戈拉说：人是万物的尺度。生而为人，只为把一世过得精彩，只为让这个世界永远铭记“我”的存在。

和咱们中国神仙有求必应不一样，古希腊的神一般不告诉你事情的结果。我估计他们也不知道，他们更愿意一个劲地鼓励你：努力吧，朋友，胜负要靠自己哟！

这么一琢磨，就发现我犯傻了。小时候我对中国传统文化提不起兴趣，总觉得外国书好看，佩服法拉第，给两个线圈和一个铁棒子就能发现电磁感应。可现在明白了，安身立命看那些洋玩意儿是没用的，求上进还得多读读孔孟之道和曾国藩。搞人际关系，我们始终是领先的，都研究了好几千年了，不好玩，但好用。

这个世界上，又好玩又好用的东西其实并不多，啰唆了半天的瓶子画，最想说的意思也是这个。这些古陶瓶最出彩的地方就在于它是人与生活之间的媒介，功能上能满足你的需求，艺术上也能满足审美。即便是现在它们早就退出了历史舞台，没人继续使用它们了，但你看上面的彩绘，照样赏心悦目。而且每次看这些瓶画，我就觉得这个世界，挺有趣的。

不同的时代、不同的地点、不同的年纪，在这个地球上，总有人拥有一个与你完全不同的世界。过不了他们的生活，也不用悲哀。就像绝大多数小说家终其一生，都没有写出像海明威结束《太阳照常升起》时所用的那样一个既简单又丰富的句子：就这么想想，不也很好吗？

所以，就这么想想，不也很好吗？

威廉·汉密尔顿爵士，美国国会图书馆

在那个时代，外交人员兼任古董商人的事太常见了。其实，当时汉密尔顿主要是出钱出藏品，他作为金主甲方委托了那位18世纪著名的奇人达卡维尔（d'Hancarville）实际操刀。想想，一个是整天神神叨叨地搞艺术，一个是豪横的古董贵族商，这俩人间发生的事特别有趣，不写成剧本都有点遗憾。

斯芬克斯托台（放祭品），红绘，约公元前520年，大都会艺术博物馆

斯芬克斯（Sphinx）每天坐在忒拜城（Thebe）附近的悬崖上，向路人出谜语：什么东西早晨用四条腿走路，中午用两条腿走路，晚上用三条腿走路？猜错了就是死。俄狄浦斯（Oedipus）说出了谜底是人，斯芬克斯为此跳崖而亡。表面上这是个谜语，但就像德尔菲神庙石碑上刻着的那几个字“认识你自己”一样，如果你都认不清自己是谁，那就是个死呗。

两名跳跃的年轻男子，红绘，公元前 520 年—前 515 年，波士顿艺术博物馆

希腊文明中，美就是高贵的，丑就是错误的，这就太不正确了。这两名跳跃的裸体男子脚下刻着铭文“LEAGROS KALOS”，大意是“利亚格罗斯很英俊”。在这个陶瓶背面，也有类似的画面，底下的铭文是“LEAGROS KALOS NAI XI”，意思是“利亚格罗斯很英俊，是的！”我好奇地查了一下这位帅哥，他的名字出现在公元前6世纪的不少陶瓶上，名门望族出身，追他的人遍布地中海。

沐浴女运动员的双耳罐，红绘，公元前 440 年—前 430 年，波士顿艺术博物馆

在古希腊，也有专门为女人开设的竞技比赛，训练之后，她们会用刮油板把污垢刮掉。刮油板是一种弯曲的钝金属刮刀，无论男女都用。崇尚“身心皆美”的古希腊人喜欢洗澡，我们学过课文，阿基米德从浴盆中发现了浮力定律。

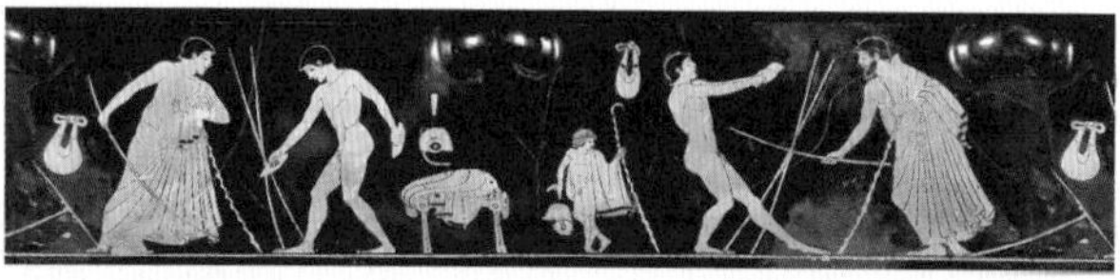

运动员训练的双耳酒杯（全图），公元前 480 年，波士顿艺术博物馆

宗教未能统一大希腊，但运动会做到了，因为古希腊人真正的信仰是身体——健美的身体。

Phi是希腊字母，大写Φ，小写φ，中文可以读成“fai（佛爱）”。达·芬奇用φ（Phi）来表示“黄金比例”，都说他是在纪念一位擅用黄金分割的古希腊雕塑家菲狄亚斯（Phidias）。帕特农神庙的雅典娜女神像，各位了解一下。

Phi 形陶器，
公元前 1550 年—前 1100 年，
圣路易斯艺术博物馆

亚马孙之战的双耳喷口瓶（混合酒和水的碗），红绘，约公元前 450 年，大都会艺术博物馆

亚马孙之战的双耳喷口瓶（局部）

很多时候，我们无法完全清晰地分辨神话和历史之间的差别。在古希腊神话中，有一群战神的后代——亚马孙女战士，她们生活在亚马孙的孤岛上，那里只有女人而没有男人，好莱坞的《神奇女侠》就是据这个线索拍的。现代学者们推断，这个女儿国的具体地方并不是今天南美洲亚马孙流域，而是小亚细亚的黑海附近。在《山海经》《大唐西域记》中都记载我们的西边有一个女儿国的存在，真挺巧的。

骑马的女战士就是亚马孙女王希波吕忒（Hippolyta），马前戴着头盔的勇士是忒修斯（Theseus）。在传说中，英雄忒修斯到亚马孙时看中了美丽的希波吕忒，用计将她骗到了雅典，并和她结婚。虽然被骗，但女王也心甘情愿。可好斗的亚马孙女战士们对女王被骗走感到十分愤怒，便对雅典发起了进攻……这群女人们真是拎不清楚，毫无逻辑可言。战斗中，希波吕忒受伤不幸身亡。

很多人误会“卍”字符只是佛教的象征，其实这个符号，在古印度、古波斯、古希腊、古埃及的历史上都出现过，全世界人民都广泛使用，无论左旋还是右旋都是吉祥的意思。怎么说呢，往往有些东西我们自认为是中国独创的，而且是自古以来的，但实际上并不尽然。

几何纹花饰弧状把手陶瓶，公元前 8 世纪中后期，圣路易斯艺术博物馆

鱼纹样圆盘，红绘，公元前 400 年—前 370 年，芝加哥艺术博物馆

在一些古希腊的文献中，一说到穷人，就会提到他们吃咸鱼或者是渔民，因为贵族们都是吃肉的。斯巴达城邦还曾禁止公民从事制造、经商、捕鱼和航海等任何工作。不过，荷马英雄的后代们倒是越来越爱吃鱼了，因为肉变贵了。

鱼纹样圆盘，红绘，公元前 350 年—前 330 年，芝加哥艺术博物馆

“医学之父”希波克拉底（Hippocrates）曾认为，比目鱼易消化，而鳝鱼等栖息在泥水中的鱼对人体不好，还有河鱼和池鱼也都不好消化，至于章鱼和乌贼，利于通便，但对视力不好。在古希腊，人们主要吃的是腌鱼或鱼干，如果能用活鱼来待客，那说明你很有经济实力。

母鸡基里克斯口杯，黑绘，约公元前 540 年，大都会艺术博物馆

在古希腊，公鸡往往是男人之间互相馈赠的爱情信物。大都会艺术博物馆的艺术史家琼·R. 默滕斯认为，这只酒杯隐藏了情色的味道。

母鸡下方的铭文是：特雷森，尼尔乔斯之子，制作。

奇美拉基里克斯口杯，黑绘，约公元前 550 年—前 540 年，大都会艺术博物馆

怪兽奇美拉（Chimera），狮子为头、山羊为身、蟒蛇为尾，还会喷火。在古希腊的神话中，它是众妖之祖堤丰（Typhoeus）和蛇怪厄喀德娜（Echidna）的孩子，在最近这些年的动漫游戏中，奇美拉的战斗力更强了，不仅长出了蝙蝠翅膀，还在狮头和羊头之间增加了一颗龙头。

怪兽脚下的“铭文”由一连串的字母组成，谁也不知道什么意思。学者们推测这位师傅可能不识字，随便写上去的。我一直觉得奇怪，虽说今天也不是人人都能读会写，何况在公元前6世纪，但就学一个“干杯”，应该没那么难吧。草率得有点像行为艺术了。

莱基托斯瓶，白绘，公元前 420 年—前 400 年，大都会艺术博物馆

站立男子的哀伤眼睛、蓬松头发和多种颜色的使用，让瓶画的表现力越来越强。这种莱基托斯瓶用于墓葬，描绘的也通常是告别的丧葬场景。

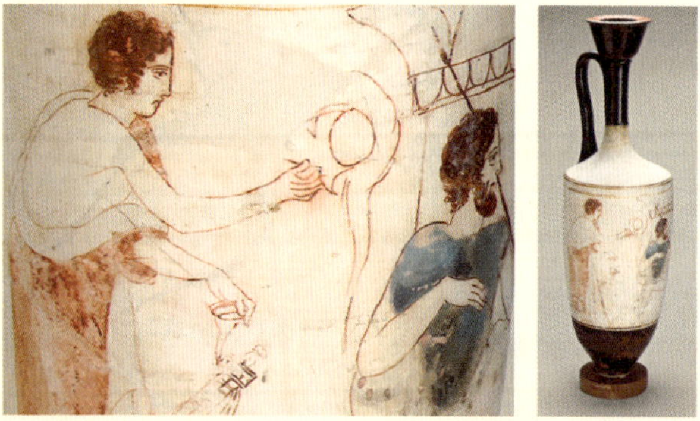

莱基托斯瓶，白绘，公元前 410 年—前 400 年，芝加哥艺术博物馆

披着披风的年轻人，左手提着刀鞘，右手将一顶羽冠头盔递给坐在坟墓前的蓝衣男子。

细颈莱基托斯陶油瓶，黑绘，公元前 550 年—前 540 年，普林斯顿大学艺术博物馆

图为陶瓶画家特里迪斯（Taleides）所绘制的“腿交”场景，此类不可描述的活动在公元前6世纪的瓶画中并不鲜见。柏拉图认为，这种“雅典之爱”与“爱好哲学”、“裸体运动（奥林匹克）”并称为让古希腊人与蛮族相区别的三大特征。

经典的“雅典之爱”中，都是一位年长的人追求一个年轻人，他们的差别就是有无胡子。从这个陶片上看，年轻的运动员举着一个铁饼，留胡子的成年男子可能拿着标枪，健身和运动占去了古希腊人白天大半的时间，男人们在家的时间并不多。

陶器残片，黑绘，公元前520年—前500年，波士顿艺术博物馆

宴饮场景的基里克斯酒杯，红绘，公元前480年，大都会艺术博物馆

酒杯上描绘了三对情人共处一室的享乐场景。雅典官方承认风月场所，并对此征税，理由就是放荡的性关系会使一年中的其他时间更好地履行一夫一妻制度。古希腊的妓女分等级，从低级的（pornai）到类似日本艺伎的吹笛女（auletride），最高等级的就是艺伎（hetairai）。在让·莱昂·热罗姆的名画《法庭上的芙丽涅》里，作为雅典最美的女人，在律师众目睽睽下脱去衣服的芙丽涅（Phryne），她的身份就是hetairai，维纳斯就是以她为原型塑造出来的。

左图：骑着珀伽索斯的柏勒洛丰油瓶，黑绘，公元前 625 年—前 600 年，
右图：章鱼油瓶，黑绘，公元前 625 年—前 600 年，普林斯顿大学艺术博物馆

柏勒洛丰（Bellerophone）是西西弗斯（Sisyphus）的孙子。俊美勇武的他降伏了从美杜莎血中诞生的天马珀伽索斯（Pegasus），他因此还射死了怪兽奇美拉（Chimera）。战无不胜的他尽管是个凡人，却也想骑着天马到奥林匹斯圣山参加神的集会，愤怒的天神宙斯让柏勒洛丰从马上摔落坠地，而把天马留下变为飞马座。劫后的柏勒洛丰遭到神的抛弃，从此飘零余生。这个故事看来是想警告我们点什么。

古希腊人喜欢在陶罐上画各种海中生物，章鱼的出镜率很高。在亚里士多德的《动物史》中，当时人们所知的每一种物种都被他注意到了，不过，他觉得章鱼是很蠢的生物，真不知道他老人家的理由是什么。章鱼的智商算是整个无脊椎动物界的叛徒了，藏在椰子壳里伏击猎物、拧瓶盖、伪装大师、走迷宫、预测世界杯结果、章鱼烧……

为了纪念雅典娜女神的泛雅典娜节（Panathenaea），每四年举行一次。节日期间，除了举行盛大的体育比赛，还有歌唱、竖琴、诗朗诵等才艺的比拼，其规模堪与奥运会媲美。最能代表男子气概的优胜者的奖品，就是一个装满特制橄榄油的安法拉陶瓶。

泛雅典娜节安法拉奖品瓶（赛马存储罐），黑绘，公元前510年，大都会艺术博物馆

泛雅典娜节安法拉奖品瓶（跑步存储罐），黑绘，公元前530年，大都会艺术博物馆

死得很阳光

伯罗奔尼撒北部的亚该亚人在古风时期的希腊扮演着次要角色，但他们却在意大利的广阔地区大肆扩张，还建立了像帕埃斯图姆这样令人瞩目的城市。群山和大海之间的神庙，光线与建筑的配合，无论体量和雕琢都达到了巅峰，正如皮拉内西的图稿和歌德的日记中描绘的那样“这种平衡让人着迷”。在帕埃斯图姆，希腊的传统与土著之风相互结合，俄耳甫斯教和毕达哥拉斯教相互碰撞，让独一无二的“跳水者之墓”成为地中海文明对往生世界的神秘表达。相比于“暴力”“血腥”，我还是喜欢钻到墓穴里，看这位裸体的年轻男人，一跃跳入水面。他让我想起柏拉图的一句话：我们环绕着大海而居，如同青蛙环绕着水塘。

归来的卢卡尼亚人骑士，公元前 4 世纪中叶，大都会艺术博物馆

一个肩上扛着长矛的年轻的武士回家，迎接他的女人拿着一个水壶和一个水杯。壁画的上部的花环、叶子和石榴表示荣耀和再生。

跟历史较劲，往往是自取其辱。

我往往因为掌握的知识太过匮乏，也缺乏想象力，所以常常想不出来古人干嘛要这么做，这么做到底是为了什么，尤其是当面对“跳水者之墓”的时候。一个裸体的大男人，跳水跳得这么阳光，真是一点都不像在坟墓里的样子。再看墓室四周，霸屏的饮酒享乐壁画，全是享受的好心情，似乎一切都棒极了，真想招呼大家一起去死呀。

自己还年轻的时候，特别想活得灿烂点，连墓志铭都想好了，必须写着“光辉的一生、伟大的一生……”事到如今，早已被生活折磨得啥都不想写了，别说无字碑，能不能有钱买块墓地都不好说。

认识这位跳水者，是在中华世纪坛的展览“彩绘地中海”里，重现了一座古城的文明与幻想。那不勒斯东南帕埃斯图姆（Paestum）的一百多件展品从意大利空运过来，这些地中海文明的东西一股脑地摆在面前，让人看得有点上头。

装模作样地看了半天展览入口处的一张老地图，终于找到了地中海——“言必称希腊”的核心地——但是古希腊文明的辐射区域远远要大于此。法国作家蒙田讲过一个故事：有人问苏格拉底是哪里人，苏格拉底不说“雅典人”，而回答自己是“世界人”。蒙田感叹终究是苏格拉底，他居然把自己的知识投向了整个人类。

视世界为故乡的这群古希腊人，扬帆远航地中海，向东到了西亚，接壤了土耳其的以弗所、米利都；向南到了塞浦路斯，维纳斯女神在此诞生；若由此出发向西，就到达了意大利南边，特洛伊王子在亚平宁南部繁衍了神的后裔——罗马人。

而帕埃斯图姆，准确地说，就是一群希腊殖民者在意大利南部二次开发出来的一个子殖民地。

公元前7世纪末，那时候的中国、印度、希腊还都处于小国林立的城邦争霸时代。有这么一小撮希腊人，趁着夜色从锡巴里斯（Sybarite）出发，一路驾船在帕埃斯图姆的海边登了陆。不知道他们为什么出发，但如果没有做好跟周围的乌合之众共度一生的打算，逃跑将是他们最终的结局，虽然可耻但却有用。

这个出发地锡巴里斯，原本就是由一帮希腊人在意大利建立的殖民地，只不过时间更早了一个世纪。锡巴里斯曾是大希腊时期最富有的城市之一，今天英语里“奢侈享乐（Sybaritism）”一词就是由“锡巴里斯人（Sibaris）”演化而来。有记载说，当地人的生活富足浪漫，总把玫瑰花瓣撒在床上睡觉，可以理解为意大利版的*American Beauty*。

浪漫挺好的，我从不认为浪漫有什么问题。有问题的是浪漫过头后的衍生物——虚荣。钱多了就是作，最后，锡巴里斯人养的战马都不会冲锋，只会走盛装舞步，参加表演没毛病，一上战场就全废了。

愚蠢是不分国界的，我们和古希腊人一样。《明皇杂录》记载，唐玄宗曾在宫中驯养舞马，每年玄宗生日时，马就会披上锦绣跳舞祝寿，庆贺的高潮就是马叼了杯子跪在皇帝面前祝寿，还有诗：更有衔杯终宴曲，垂头掉尾醉如泥。安史之乱爆发后，玄宗弃城而逃，这批舞马散落到安禄山手中。一天，军中宴乐，舞马听见乐曲声应节拍跃然起舞，士兵见状误以为是妖孽，将这些舞马统统打死了。

中国的战争大多是内斗，与之不同，西方的战争有一个传统就是“海外殖民”。《剑桥战争史》里写得清楚，海外作战原则就是“彻底击败和摧毁”“肆意屠杀”。简单总结就是：对内民主，对外残酷。当年英法联军不远万里跑到中国来，走的就是他们国内的“民主程序”。

这些来自锡巴里斯殖民地的希腊人在登陆后如何跟当地原住民沟通，并无记录，但肯定是血腥的，看看这次展出的壁画就知道了。古希腊尚武的劲头画得清清楚楚，拳击、执矛、丧礼、决斗的场面都栩栩如生，连矛头扎进胸膛喷溅出来的血，也都用红色染料渲染了一下。不知道躺着的那位墓主人，一抬头就看着壁画上血浆乱飞，会不会闹心。

公元前6世纪左右，锡巴里斯的子邦，一座崭新的大希腊化城市诞生了，为了纪念古希腊海神波塞冬，城市的名字就叫波塞冬尼亚（Poseidonia），后面到了古罗马时期，这个地方就改名为帕埃斯图姆（Paestum）。

名字不一样，神还是一样的。在波塞冬变成了尼普顿的同时，宙斯变成了朱庇特，雅典娜变成了密涅瓦，阿芙洛狄忒变成了维纳斯。

如同北京城的九坛八庙一样，意大利的考古专家们也研究过，帕埃斯图姆也是围绕着祭祀场所布局的。北边是雅典娜圣殿（Athenaion，约建于公元前500年），南边是尼普顿神庙（Neptune，约建于公元前480年—前450年）。还有一个就是巴西利卡（Basilica，约建于公元前550 年）。

前两个好理解，而第三个巴西利卡尽管建得最早，但至今作用不详。曾有人推断巴西利卡是个体育场，因为希腊城邦里没有公共体育场所锻炼身体，那绝对是不能想象的。另一种说法认为，巴西利卡可能是纪念赫拉的神庙，也是公共议事厅，地位就是当地的“人民大会堂”，希腊城邦里没有人民群众议事的场所，那更是不能想象的。

8世纪之后，气候原因导致帕埃斯图姆的平原沼泽化，不适合居住，城市也就慢慢被弃用了。直到18世纪，文艺复兴之后的欧洲贵族子弟们开始了“壮游”，读万卷书、行万里路。他们旅行的主要内容就是游览意大利的古希腊遗址故地。德国的温克尔曼、意大利的皮拉内西，还有歌德、雪莱、司汤达都来过，就这样，帕埃斯图姆被重新发现了。仅从字面上理解这个“重新发现”不太准确，因为对于当地人来说，这地方就一直存在着，放羊的一直放羊，歇脚的一直歇脚，从来就没消失过。

越多看这种神庙广场，就越能理解为什么今天国内很多大型商业综合体都喜欢起名叫“购物广场”。在西方，广场除了祭祀之外，往往还和消费娱乐紧密地联系在一起，很像我们的春节庙会。“神庙”或“巴西利卡”，该祭祀的时候祭祀，该热闹的时候热闹，人来人往，避雨、遮阳、休息、约会、聊天。

想起马未都先生说过一件事。有一回他参观瑞士联邦国会大厦，结果看到广场上全是瑞士各地的小摊贩，土特产整齐地摆满整个广场，瓜果、鲜花、蔬菜都很漂亮。他觉得百姓的生活在国家政治象征物下变得具体生动了。

文化不同，生活方式不同，所以看不明白的东西挺多。有喝酒长勺、盔甲武器，也有几把神庙钥匙。钥匙大小不一，锈得有模有样。只是门早就不在了，钥匙的真假无法判断。这么看来，神庙是有大门的，还不止一个。只是很可惜，年代久远，我们无法得知当时建筑的整体样貌，除了一排排希腊柱，其余什么都没剩下了。

可是你说怪不怪，就这几个柱子，也让人觉得挺漂亮的。

公元前7世纪，希腊人在埃及柱体厚重敦实的基础上，注入美学元素，他们在圆柱体上刻出凹槽，在柱顶加上一两块方石等，这就是最初的“多立克式”。以后，柱体由下往上逐渐变细，视觉上就显得雅致，又在下面垫上一两块圆形石基，柱头石上再刻出一对蜗形纹饰，这就成了“爱奥尼亚式”。到了公元前5世纪，雅典城邦进入全盛期，柱体也越来越复杂，圆柱更纤细，也更高大，顶部还有一个倒置的钟座，下面是雕饰精巧的毛莨叶饰柱头，这就是“科林斯式”。

随着马其顿亚历山大大帝的东征，希腊建筑的式样也一路传到东方。前阵子，我还去了清华大学艺术博物馆看了“阿富汗国家宝藏展”，展厅的中间就放着西亚在希腊化时期的一个柱头，残是残了，还是很气派。我总想着，都是文明古国，可在中国千年以上的遗址能保存得这么好吗？如果当年的阿房宫也能这样留下来，让后人直观地感受，该多好。那样，不用晓以大义，大家也定会相信“六亿神州尽舜尧”。

马尔克斯在《百年孤独》中说：现在自由派和保守派唯一的区别，不过是自由派5点去听弥撒，而保守派是8点去。我特别喜欢这个说法，套用在建筑学上也一样。从意大利的帕埃斯图姆到这帮殖民者的希腊老家，隔着几千千米呢，神庙的样式却几乎一模一样。

在那个政权分立的时代，没有中央集权，没有统一的首都，也没有谁颁布命令说各邦都必须按一个样儿来。对这事，借用北京大学李零教授的一个观点，估计这多半跟国家间的不同形态有关系。简单地说，国家到了最后，基本只有两条路：一种是权力迅速集中，地域辽阔，人口众多，行政上系统管理；另一种是部族争斗，山头林立，就算是联盟，也很松散，始终不会有一个强有力的中心。前者就是中国、波斯，后者就是古希腊、今天的欧洲。前者大家身份统一，大家必须一样；后者则是基于一种认同，大家自觉一样。

希腊式的神庙在意大利的兴建就是一种文化的认同，全球各大都市里的唐人街也差不多是这个意思。喜欢一个地方，其实就是喜欢一个地方的文化。

幸好，在帕埃斯图姆的所有遗存中，还有一个至今没被复制粘贴的，也是我最喜欢的——跳水者。

跳水者之墓建于公元前480年到公元前470年，它是帕埃斯图姆第一座，也是仅有的一座内部有人物场景装饰的墓葬。墓葬的彩绘技法跟西方湿壁画手法相似，石灰岩上覆上一层熟石灰泥壁，在上面绘制线条和色彩。意大利的考古学家曾在墓墙上找到过手肘、绳索之类的痕迹，也就是说，彩绘是在安葬死者前绘制的，而且下葬的时候壁画是湿的。

箱形石墓的墓墙上是古希腊宴乐的场面，几个男人坐在床榻上寻欢作乐，大家弹着琴、听着歌、唱着曲，好不快活。而墓顶的彩绘上，有一个裸体的年轻男子，从一个石块垒积的建筑物上，一跃跳入水面。

男人之间的亲密互动，在古希腊很流行，斯巴达战士们要是没有这个撑着，真不好说温泉关战役的结果，亚历山大没有赫费斯提翁估计也打不到阿富汗。柏拉图认定了这就是伟大的“雅典之爱”，当然中国自古也有此风。我明白这事放到现在也不过时，可我不明白的是，为什么墓室顶盖上有个人在跳水？

看不懂，但却看得很开心，因为不一样，因为没见过。

印象里，中国人原本是没跳水这档子事的，最为接近的运动就是《东京梦华录》里的杂技“水秋千”，伎人们被船上的秋千甩出去，空中翻腾好几周，难度系数爆表地入水，最后压个水花。古希腊那边也和我们差不多，“泅泳一事，类皆渔父舟子之所习”。一开始在水上作业的都是底层，斯巴达就严令禁止公民们下海捕鱼，别看酷爱运动，但跳水在古希腊连表演项目也算不上，当时体育比赛都跟战争训练有关，田径才是王道。

对于神秘的跳水者，有的学者说是神秘仪式，还有的学者说是宗教信仰，其中接受度比较高的一个说法就是：跳水就是象征着一个人由生到死，那个石块建筑物就代表冥界之门，水面就是人世和冥界的分界——大洋河（Oceano）。

在古希腊人的传说中，大洋河是一条环绕宇宙的长河，不过这事不能仔细想，仔细一琢磨就说不通了。如果“跃入冥河”是“由生到死”，这个是当时大家都知道的一个死亡象征，那为什么其他的墓里再没有过一个类似的场景。大家都是死，为什么你死得这么另类，没道理。

仰着脖子，看了半天。我是真的很喜欢这种个性化的东西，不千篇一律。本来人和人之间的区别就非常大，大家死前过得都差不多，死后也非得一样吗？谁还不是个孤岛啊。

很可惜，这种彩绘壁画在当地发现得真不多，“跳水者”独一无二。到了后面，公元前4世纪至公元前3世纪，非希腊血统的卢卡尼亚人（Lucanian）出现了。他们最初是希腊人的雇佣兵，可后来他们成为了当地的统治阶层。不知道是不是因为崇尚武力让他们尝到了胜利的甜头，卢卡尼亚人的墓室壁画里“战士归来”“丧礼比赛”“拳击决斗”的场景极多。

大家都杀来杀去，人世间的事跟古希腊传说中的神一样，报复、杀戮、背叛、谎言……充斥了日常生活。希腊人先是干掉了当地原住民，接着卢卡尼亚人干掉了希腊人，而后罗马人干掉了卢卡尼亚人。“流血的战士”或“受伤的猎物”，怎么看怎么觉得是罗马斗兽场的序曲。好猛，也好看，但不好玩了。

相比于“暴力”“血腥”，我还是喜欢钻到墓穴里，看这位裸体的年轻男人，一跃跳入水面。他让我想起柏拉图的一句话：我们环绕着大海而居，如同青蛙环绕着水塘。

我就爱跳水，天天都跳，你管得着吗？

尼普顿神庙废墟，约 1778 年，美国国会图书馆

作为意大利最重要的考古遗址之一，帕埃斯图姆至今还留有古希腊和罗马的遗迹，特别是三座保存良好的多立克神庙在1998年被列入《世界遗产名录》。

帕埃斯图姆尼普顿神庙，约 1860 年，普林斯顿大学艺术博物馆

帕埃斯图姆基本上是和庞贝的发现处于同一时期。在18世纪兴起的壮游（Grand Tour）和文物大发掘中，建筑师、画家、摄影师们的不断挖掘也使帕埃斯图姆成为当时艺术和建筑的典范。

双勇士壁画，公元前 4 世纪，保罗 · 盖蒂博物馆

两个拿着长矛和盾牌的战士在起伏不定的山丘上交战。左边的人留着胡子，除了腰部有一条细红色的带子外，全身赤裸，矛刺穿了他的盾牌和双腿，伤口流着血。右边执矛的年轻人穿着一件短衣服，戴着红色的头饰，穿着护腿，他的左膝已经被长矛完全刺穿。

蛇发女妖瓦檐饰，公元前 6 世纪，意大利帕埃斯图姆考古遗址公园，
中华世纪坛艺术馆“彩绘地中海”展

Gorgon是希腊神话传说中的蛇发三姐妹：丝西娜（Stheno）、尤瑞艾莉（Euryale）、美杜莎（Medusa）。她们的头上和脖子上布满鳞甲，头发是一条条蠕动的毒蛇，长着野猪的獠牙。三姐妹中以美杜莎最为出名，珀尔修斯（Perseus）将她的头献给了雅典娜，雅典娜把它固定在了自己的盾牌和胸甲中央。

拳击，公元前 340 年—前 330 年，意大利帕埃斯图姆考古遗址公园，
中华世纪坛艺术馆“彩绘地中海”展

两位裸体的拳击手，左侧的拳击手皮肤稍白，手上还绑着黑色的拳带，脸部的红色颜料说明他正在流血。右侧的拳手皮肤稍黑，背部有一个手形伤口。古希腊的拳击可以算作现代拳击运动的鼻祖，但比今人所看到的更为血腥。参赛选手除了不能抠挖对方的眼珠之外，别的动作基本不管。仅有的保护措施，就是要拳手们戴皮质手套，比赛时不能戴戒指。

战士场景，公元前 330 年，意大利帕埃斯图姆考古遗址公园，中华世纪坛艺术馆，“彩绘地中海”展

头戴红羽黑翎头盔的战士，手持黄色战马的缰绳，一柄长矛握在手中，画面两侧各有一根艾奥尼亚柱。墓穴中的壁画里，描绘战士归来的场景非常普遍。

拳击和决斗（局部），公元前 370 年—前 360 年，意大利帕埃斯图姆考古遗址公园，中华世纪坛艺术馆“彩绘地中海”展

两名赤身裸体仅戴头盔的战士在决斗，都是左手持盾，但盾形不同。画面右侧近景，有一位身穿长袍的年长观者。据说古希腊人有一种独创的“丧礼比赛”，主要在死者墓地举办，目的是让死者的灵魂得到告慰，家属也能在比赛中充分地交流。

头顶花篮的女人陶瓶碎片，
公元前 360 年—前 350 年，
大都会艺术博物馆

短发的女人右手扶握柱子，头上顶着一个巨大的篮子。求指点，篮子上垂下来的红色长条代表着什么？有人说是鱼片。

镶红玛瑙金戒指，公元前 1 世纪，波士顿艺术博物馆

戒指在帕埃斯图姆附近被发现。雅典娜手上是一个带有翅膀的Nike女神，胜利女神Nike是远古泰坦神帕拉斯（Pallas）和斯提克斯（Styx）的女儿，她的罗马名字叫Victoria，是胜利的化身。虽然Nike是泰坦之女，但在泰坦战争中却倒戈帮助宙斯获胜。希波战争之后，雅典人为了感谢守护神雅典娜的庇佑，在卫城上兴建了帕特农神庙来供奉雅典娜，然后在其旁边兴建了胜利女神庙，用于供奉胜利女神Nike。

入殓仪式，公元前 300 年，意大利帕埃斯图姆考古遗址公园，
中华世纪坛艺术馆“彩绘地中海”展

墓主人躺在床上，矮桌上放着一个圆盘，盘中应该是石榴和鸡蛋。一个披着头纱、身穿白色长裙的女人在为逝者戴上冠冕。总感觉壁画中女人的身体部分不协调，脖子以下都是腿。地中海地区的寒冷天气不太长，人们大部分时间都在户外消磨，普通人对家的留恋不如寒冷地区的人们，所以地中海人的家庭布置简单，家具不多。

动物争斗，公元前 340 年—前 330 年，意大利帕埃斯图姆考古遗址公园，
中华世纪坛艺术馆“彩绘地中海”展

左边是一只豹（似乎是母豹），右边是鹰头狮身有翅的格里芬。壁画的上方为一个喇叭口朝下的石榴。按照惯例，冥界大概没什么可吃的，但石榴是个罕见的例外。古希腊人没有解释冥界为何会有石榴这种植物的存在，但石榴是“冥界的果实”就这么一直流传至今。也许这种血红色的水果代表鲜血，有时，它也被称为通往奥林匹斯山的一扇窗户。在古希腊传说中，世界有四季变化就是因为女神帕尔塞福涅（Persephone）被骗，吃了冥界的特产石榴籽。

“跳水者之墓”复原，公元前480年—前470年，意大利帕埃斯图姆考古遗址公园，中华世纪坛艺术馆“彩绘地中海”展

“跳水者之墓”复原（局部）

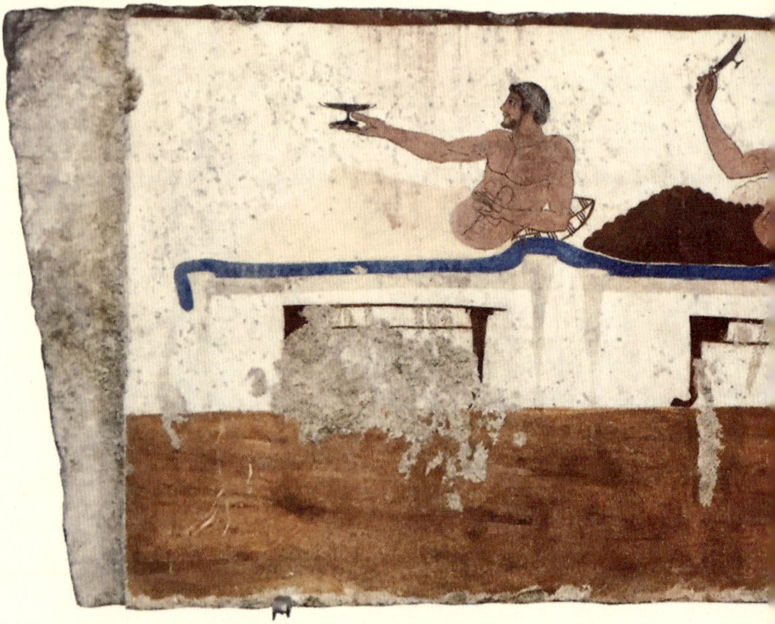

古希腊人吃饭是吃饭，喝酒是喝酒，饭后大家一边饮酒，一边高谈阔论。在希腊语中，这种聚会被称为symposion（会饮），由sym（一起）+posis（喝酒）组合而成，字面意思就是“一起喝酒”。英语单词symposium就来源于此，由其本义延伸出“讨论会、论文集”的含义。古希腊悲剧家阿伽松为了庆祝自己的剧本获奖，邀请了几位朋友到家中会饮。参加者有修辞学家斐德罗、喜剧家阿里斯托芬、哲学家苏格拉底等人。兄弟们喝得差不多后，就开始谈论女人，探讨爱欲……苏格拉底的学生柏拉图将谈话记录了下来，变成了一篇哲学巨作《会饮篇》（*The Symposium*）。

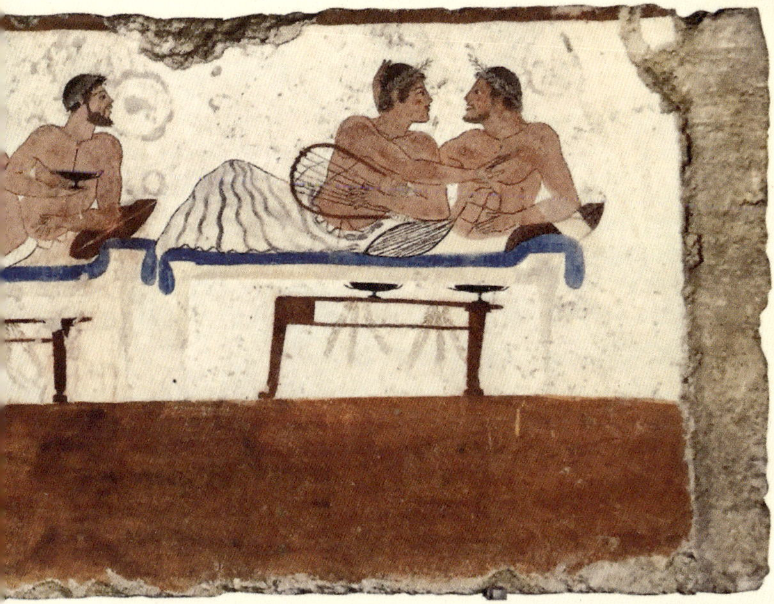

聚会时谁也不愿意光在那傻喝，当时风靡一种叫作科达博斯（Kottabos）的游戏。因为古希腊人喝酒喜欢往里面兑水加料，比如蜂蜜、橄榄油、奶酪、小麦粉，酒杯里的杂质沉淀物比较多。所以这个游戏规则极简单，就是将酒杯中的残渣撒出去，击中不远处一个架子上的盘子或是小雕像之类的东西听个响儿，或是扔出酒杯击沉大酒碗中漂浮的小碟子。还有一些文献记载，也有人直接扔杯子的，这个就很炫富。

从现存的史料可知，会饮中的成年男子和少年之间的“雅典之爱”非常普遍，古风时期大部分关于“爱情”这一主题的诗歌都多与男性和少男之爱有关。这种今天看起来变态的爱，在古希腊人眼中是高尚美好的，不过建立起这种关系并非易事，成年男性需要竭尽全力，必须要经常运动健身，练就一流强健身材；为了在会饮沙龙上散发魅力就必须博闻强识，能言善辩；为了在狩猎时引人注目，必须苦练杀敌本领；甚至还得拥有美好的品德、良好的声誉来令所追求的少年信服，而后才能获得敬重和爱慕。因此，成年的希腊公民就有了天天学习、时刻进步的动力。

金橄榄叶花环，公元前 4 世纪，波士顿艺术博物馆

古希腊人认为，橄榄树是雅典娜带到人间的赐予人类的珍贵礼物，因此用橄榄枝编织的橄榄冠是神圣的最高荣誉。据说用于编织的橄榄枝必须得由一个双亲健在的12岁儿童，用纯金刀子从树上割下来，然后手工编制。在传统中，橄榄枝应该比月桂枝更高贵一点，但在我们汉语中并没有“橄榄枝冠”的叫法，只有“桂冠”“折桂”之类，想来最早的翻译应是从三国时期魏国繁钦的《弭愁赋》中找到的灵感：“整桂冠而自饰，敷綦藻之华文。”

SALON
des
Mucha

最美的姑娘

“实用与美的结合”使“新艺术运动”有了追求的理想，而穆夏无疑是让人重新认识艺术家匠人属性的旗手，他在巴黎朱利安学院以及德拉罗什画派的技艺基础上形成了独特的“新艺术”风，同时又天才般地将装饰符号与传统绘画融合在一起。时代选择了这位波希米亚人，他重新让艺术有了普世的价值。有些遗憾，《斯拉夫史诗》这次没来，满屋子都是绝色大美女海报，看到最后有点腻了。这么早就出现审美疲劳，所以我应该不算是穆夏的真粉，将来在另一个世界相遇，我大概不会找他要签名，但会抽空问他：这么多姑娘，你见过的最美的是谁？

穆夏，第 20 届百选展，密歇根大学艺术博物馆

里昂·德尚（Léon Deschamps）是穆夏的好友，也是艺术评论杂志《鹅毛笔》（*La Plume*）的老板，由他主办的“Salon des Cent”展览，也是当时象征主义和新艺术运动的重要阵地。这张海报是穆夏走红后创作的几张海报之一，风格和早期的《吉斯蒙达》如出一辙。

对塔罗牌早已平常心看待的我，2019年唯一一次去国家大剧院就是去拜见穆夏的作品展。北京这次算是战胜了上海一次，这种甜甜腻腻的美人海报搁在洋气的外滩也就那样，可在长安街的边上，次元壁破得很励志，让人充满想象。

99%的广告海报的命运，终会被遗弃到废纸堆，但一个人的横空出世，却给予了它们极高的尊重——他就是穆夏。就算你不知道他的名字，也应该看过被他影响过的动漫，对了，民国时期的月份牌和好莱坞的漫威DC里也有他的影子。如果你的回答还是：啊哈。那朋友再见，您可以直接跳转到本文最后一行，翻篇儿吧。

有人说穆夏是世界上最伟大的装饰艺术家，是海报史上开天辟地的人物，还是日漫的“爸爸”之一，更是新艺术运动的领军人物。但穆夏却怀疑这种说法：新艺术？艺术永远不可能是新的。

穆夏成名的故事是一碗浓缩鸡汤，干了它，废柴的人生还可以再抢救一下。

1894年的圣诞节，大巴黎的一家印刷公司内，一位制图员正忙着手头的活儿，为了梦想，人到中年的他正在灯红酒绿的艺术之都面临七年之痒，一边学画进修，一边为图书杂志画插图糊口。

刚刚放下电话的印刷厂经理冲了进来。

“1月1日之前，你们有谁能给莎拉·伯恩哈特的《吉斯蒙达》出个海报？”

“我！”

“你？”

“我之前画过……”

“别说了，就是你。”

没画过也没关系，在战争中学习战争。现在的年轻人估计都不知道，这句是毛主席语录。一切就这么愉快地决定了。主要是经理也没的选，圣诞节期间，有能力的人都自觉回家隔离了，穆夏是空荡荡的办公室里唯一的加班狗，他就是不搭话，这活儿也是他的。

但，命运的拐点就这么来了。

几天后，甲方爸爸极度满意，让吃瓜群众疯狂围观的海报《吉斯蒙达》（*Gismonda*）诞生了。横版印刷，竖版拼接，正中间的莎拉·伯恩哈特身穿拜占庭长袍，繁复的金色花纹高贵唯美，45°角完美显出女主挺立的鼻梁与丰满的唇形。她若有所思地盯着手持的棕榈枝叶，一手自然地轻抚金发，身后则是马赛克镶嵌的半圆环，四周的留白则凸显了女性柔美典雅的形象。

仙女也就长这样了吧。看海报，没人相信这位“法国戏剧女王”已经年过半百。今天人们加滤镜修图的技术，穆夏一百年前就用过了。

在那个时代，照相技术刚刚走向成熟，酷爱摄影的穆夏没少拍工作室的模特儿。展览里的珍贵照片不少，也记录了法国时髦姑娘们的生活方式。看后果不其然，蓬松的头发，淡黄的长裙，好像都刚从床上爬起来，浮肿的脸蛋上，眼袋就是夜夜笙歌付出的代价。

面对这些鲜活而又迷茫的肉体，穆夏将她们幻化为一个个画中仙女，曲线诱惑、头顶花束、异域发饰、层叠蕾丝，街头一张张精美的海报秒变巴黎时尚的坐标。

为了歌颂美，穆夏的小宇宙发挥到了极致。4000张海报，随着演出的成功很快被大家一扫而空，跟城管无关，都是人民群众自发地偷偷收藏。几乎是一夜之间，穆夏成了家喻户晓的设计大师，圈内一姐莎拉·伯恩哈特也趁热打铁与他签下了包括海报、门票、舞台布景、戏服、珠宝首饰的6年大合同。

记得在刘慈欣的小说《诗云》里，有一种外星文明，他们的科技已经登峰造极，可是却没法写出一句唐诗，于是外星文明把整个太阳系改造成一个存储器，在里面存储了所有汉字的所有组合。感觉穆夏早就知道了这个故事，为了成为金主们最爱的设计师，穆夏的前半生就是一个移动硬盘，每次灵感枯竭，翻翻记忆，总能找到好东西。

阿尔丰斯·穆夏的数据库是从摩洛维亚（Moravia）南部的小镇伊万契采（Ivancice）开始建立的。今天已经是捷克境内的摩洛维亚当时还属于奥地利帝国，在他出生的1860年，严肃活泼的帝国也发生了几件大事：美丽的茜茜公主发生感情危机，得了严重肺结核；她的丈夫——帝国皇帝弗兰茨·约瑟夫在刚刚和撒丁王国的战争中失败了；俾斯麦即将担任普鲁士的首相，推行他的铁血政策，欧洲迎来了前所未有的大变局。

尽管危机四伏，但穆夏童年时的小镇跟欧洲的其他许多地方一样，人们还享受着暴风雨前的平静，依然定时定点地去教堂忏悔日常。可能跟一般的天主教家庭不同，宗教在穆夏的生活中扮演着更为重要的角色，他在追忆幼年教堂经历时这样说：

> 我身为基督墓前的侍者，跪上几个小时。基督的坟墓被放在黑暗的壁龛里面，被各式各样的花卉覆盖着，这些花卉散发出令人陶醉的香味；蜡烛静静燃烧着。笼罩着蜡烛的一种圣光从下方照耀着十字架上的基督……

怎么说呢，前几年我曾经去过几次教堂，亲身经历了壁画、神像、挂件、蜡烛、符号、鲜花、铃铛、歌声、弥撒、音乐的氛围，确实是让人沉迷的，尤其在天主教堂里，更是全方位无死角，人都不敢大声说话。

在唱诗班耳濡目染多年后，穆夏开始异地求学，他想用艺术的力量振兴压抑多年的波希米亚文化。不过万事开头难，布拉格美术学院拒绝了他的申请。拒绝就拒绝吧，布拉格美院还在信中建议他寻找“一份不同的职业”，意思就是说，艺术这碗饭，你吃不了。

无颜回家，本着“广阔天地，大有作为”的心思，19岁的穆夏直接去了一线大城市维也纳。自中世纪起，哈布斯堡家族就在这里统治了大片土地，疆域内生活着德国人、匈牙利人、捷克人、波兰人、斯洛伐克人、塞尔维亚人、克罗地亚人、乌克兰人、罗马尼亚人、斯洛文尼亚人等等，每个民族都操着各自的语言，也有着自己的文化习俗。虽然此时的奥地利帝国已经因为普奥战争的失败变成了奥匈帝国，但首都维也纳还是欧洲的艺术中心。穆夏的工作也跟艺术沾边——为剧院画幕布。

可惜没过多久，维也纳环形剧院莫名其妙地突发了一场大火，800多人送了命，剧院也关了门。大客户没了，穆夏也因此丢了刚找到的饭碗。还是无颜回家，这次是本着“有多远，就走多远”的心思，穆夏跑到了火车站，掏光兜里所有的钱，跟文艺青年一样，随手买了一张他能买到的驶向最远的地方的火车票，于是命运就把他送到了一个名叫米库洛夫的小镇。

真不用操心缪斯女神对世间天才们的眷顾。

本来是自我放逐，没想到变成了自我救赎。在偏僻的乡下，人们见过的世面少，穆夏的艺术水平在当地数一数二。变回小镇青年的他，一会儿为墓碑设计潮流样式，解决如何埋得更时尚的问题，一会儿街头立个架子写生卖个画。真是鸡窝里飞来金凤凰，当地土豪库恩·贝拉西伯爵兄弟一眼就看上了穆夏。甭管真假，有钱人就好像没有不爱艺术的，在伯爵的慷慨资助下，小镇文艺青年终于走进了大都市的艺术院校。

先是慕尼黑，然后是巴黎，因为有赞助，穆夏算是那拨学生里的有钱人，也因此认识了一帮子比他还穷的艺术家，印象派的保罗·塞尚、表现主义的爱德华·蒙克、象征主义的奥古斯特·斯特林堡，他还和保罗·高更同学成为好友。在一封后人发现的信中，穆夏记了这么一件事：高更有一天带来了一位疯狂的红发人。

红头发？还挺疯狂？

除了凡·高，整个巴黎找不出第二人。

在当时巴黎的年轻画家中，凡·高一直就不太主流，和穆夏一样，他们都是外国人，融进法国人的那个小资圈子比较困难。

事实上，当时整个印象派的人过得都挺惨，吃饭很成问题，聚餐的多，买单的少。但很奇怪，凡·高跟高更的关系一直不错，两人的出身相仿，一个是曾经的荷兰富二代，一个是辞职的高薪金融男，在艺术上也互相欣赏。为了和高更一起探索出怎样把印象派变得更印象，他特邀高更搬到自己居住的小镇阿尔勒，两人要共居一室探讨艺术。

不过，相爱总是简单，相处太难。深入地探讨了两个月后，两人终于发现了分歧，分歧大得就像是对方抢了自己的女人。高更实在忍不了，就跑到大溪地画起了土著，大作家毛姆就根据他的故事写了《月亮和六便士》，而凡·高从此少了一个耳朵。

事实证明，有趣的人总能找到另一个有趣的人。除了跟红头发疯子凡·高同居，高更还有个室友就是穆夏。

在一封信中，穆夏说：有一次，高更画一幅画，中间心情不好，画不下去干脆出去喝酒了，我就在那张画上加了几笔，帮他画完了。虽说任何人在一起同居久了都会把彼此逼疯，但一个自残，让你流落异乡，另一个默默守候，还帮你画画卖钱。这个相爱相杀的故事告诉我们：出来混，找一个靠谱的室友有多重要。

快乐的时间总是短暂。不知道为什么，大贵人库恩伯爵在1889年突然中断了对穆夏长达七年的资助。没了经济来源，穆夏的生活立刻一团糟。快到而立之年了，在巴黎也没房没车，没稳定工作，享受不了低保，未来基本上看不到什么希望。为了不饿死，穆夏开始承接大量给书籍杂志画插图的工作，成为一名自食其力的职业插画师，这才有了本文一开始的圣诞加班接活儿那一幕。

说到这儿，不知道您有没有想过，为什么大明星莎拉·伯恩哈特的急单，穆夏能接得住，还能一炮而红？明星的海报，别人肯定也都画过，可为什么就他画出来了呢？

对这个问题，纯是个人理解。这跟穆夏当年在边陲小镇画墓碑是一个道理，都是“降维打击”。当时很多有才华的画家并没有想将自己的艺术才能投到插画上，他们认为雕版或平版印刷的不是艺术，商业插画不需要多认真，挣个零花钱罢了。但当时的穆夏是没得选了，巴黎什么都贵，空有一身才华换不来面包，不画插画就得饿死，为了活下去，他算是对这项事业倾注了全力，赌上了自己的所有。

抓住这次机会的穆夏，抛弃了传统招贴海报的风格，将自己之前所学进行了一个大整合，浮世绘、哥特、洛可可、凯尔特、希腊、伊斯兰、拜占庭都为他所用，一幅《吉斯蒙达》成就了他之前的所有努力，也成为后世无数插画师们膜拜的二次元大神。

自此之后，穆夏为名伶伯恩哈特设计了几乎全部的舞台剧招贴海报，而他也将自己探索出的唯美风格展现得淋漓尽致。一时间所有的甲方都指定他为设计师，各大金主爸爸纷纷上门，凡能用美女展示品牌的行业，穆夏都没错过，从香烟到美酒，从饼干到珠宝，还有夜总会、自行车……只要看一眼他的海报，心跳都是“买买买”的节奏。

很快，设计大师穆夏住上了巴黎的三居室，还有一间大窗户工作室，出没在上流社会。不过这种商业上的成功，并不能让严肃艺术界对他刮目相看，有人还在报纸上公开讥讽穆夏只是个商业画师，海报和插画也就是“通心粉”或“面条”之类的作品，跟严肃绘画没可比性，谈不上艺术。

为这个事，在一封写给朋友的信中，穆夏说：

> 此时正值午夜时分，我独自一人坐在工作室里，周围摆放着我的作品，我感到心潮澎湃……我的时间，我最宝贵的时间，都消耗在这些作品上……

这个苦恼场景，像极了那些开着豪车接送客人的大哥。看着他舞动着方向盘缓缓消失在长夜里，我倒是有点理解了，他们不缺钱，缺的是生活。

当理想不是为钱，那再多的钱也就满足不了理想。

为了证明自己，穆夏一步步主动放弃了在巴黎的一切。他在自己的粉丝，著名的罗斯柴尔德男爵夫人的关照下，全家搬到了美国。可是刚到美国不久，主动下岗再就业的穆夏就发现了，美国人对他的评价也是：穆夏——海报艺术王子。

从头再来，还是没逃过“海报”两个字。美国留住了穆夏的人，但没能留住他的心。终于有一天，当他在音乐会上听到老乡斯美塔那著名的《我的祖国》后，“滚一身泥巴，炼一颗红心”的穆夏毅然决定回国。我还是换个说法吧，在听到《沃尔塔瓦河》优美的旋律后，在民族自尊心的感召下，系列油画《斯拉夫史诗》的创作念头被唤醒了。

此时无限接近“贤者模式”的穆夏，给钱的统统不接，拒绝各种商业邀约。他翻遍古籍，走访古迹，笔下的20幅超巨型作品，再现了当时已四分五裂的斯拉夫民族波澜壮阔的画卷，从1911年的全身心投入到1928年捐赠展出，整整花了18年。

王宝钏苦守寒窑18载，终守得云开见明月。可穆夏就没有这个“福气”。谁也没想到，花了无数心血创造的作品，还不如赶工的几张美女海报带来的掌声多。艺术批评家们对《斯拉夫史诗》的评价非常不友好，认为它们不合时宜，认为它们过于传统。当这些作品全部被无偿地捐给布拉格政府后，就被无情地束之高阁了。

从花花世界回到故乡的穆夏，就像是海明威笔下的《老人与海》。

他是最好的渔夫，可也有着他所不能的地方。开着船出去，一路的搏斗，筋疲力尽带回来的却是一副大得惊人的鱼骨架。直到今天，人们依然在争论穆夏作品的艺术含金量，好像讲得都很有自己的逻辑。可是“艺术”这种说不清楚的玩意儿，除了时间，还能有别的什么检验标准吗？

命运开了一个大玩笑。本来费尽心思挤进艺术学院的穆夏，因为画了广告海报被学院派鄙视，可当他抛家舍业地作画，又因为人们在求新求变中遭到鄙视。就这样，那位曾经风靡大巴黎、独领风骚的穆夏，真的慢慢被人遗忘了。此后二战爆发，德国的战车轰鸣着穿过布拉格广场，暮年的穆夏也被盖世太保抓捕审讯，没多久就去世了，享年79岁。

新闻业内有一句话：给我一个故事，看在上帝的分上，把它讲得有趣些。套用一下句式：给你一个姑娘，看在上帝的分上，把她画得漂亮点。

在我的经历中，原本也有过很多不错的故事，可我没能写出真正的有趣。我也碰到过很好的姑娘，很可惜，我也没能让她们变得更漂亮。但这些穆夏都做到了，不仅干了自己从小就想干的事，还挣了大钱出了名，也让他的姑娘们比谁都美、都好看。他的人生很精彩，比地球上的大多数人都精彩。

只是没办法，有些人就是爱当业余警察，分出罪犯和非罪犯、好人和坏人，并且由此衍生出高尚和卑鄙的概念。

至于艺术评论家们，他们的愚蠢就不用再举例了吧，历史无数次地证明，这帮人压根就分辨不出来狗屎和鲜花之间的差别。崇拜的狂热和摧毁的疯狂，就是评论家们快感的来源，粉转黑的事可没少干。

有些遗憾，心心念念的《斯拉夫史诗》这次没来，估计是它们的尺幅太大，没有足够的空间安放，只剩下满屋子绝色大美女海报，看到最后确实有点腻了。这么早就出现审美疲劳，所以我应该不算是穆夏的真粉，将来在另一个世界相遇，大概不会找他要签名，但会抽空问他：这么多姑娘，你见过的最美的是谁？

这幅海报为穆夏赢得了铺天盖地的好评。竖幅格式的海报当时很少见，拼接后的成品有等人身高。女主身穿剧中最能体现角色特色的戏服，独立在画面C位，身后不是一个拱形建筑造型就是光晕的背景，这种固定风格的戏剧海报，穆夏一共给伯恩哈特设计了六款，无一例外地都获赞无数。

穆夏，《吉斯蒙达》，1896 年，美国国会图书馆

穆夏，《莎拉·伯恩哈特》，1900年—1915年，美国国会图书馆

莎拉·伯恩哈特的身世复杂，童年比较坎坷，随着名声的不断增长，她也成为一名高傲、古怪、性情多变的明星。造型雷人的她，有众多重量级的绯闻情人，还有各种怪癖，传闻她还天天睡在棺材里，很行为艺术。

穆夏，《莎拉·伯恩哈特》，1880 年，美国国会图书馆

莎拉·伯恩哈特是远在好莱坞体系之前的“世界上最著名的女演员”，也是圣女贞德之后最有名的法国女人，尤其因她在法国舞台剧上的精彩表演而被称为“神选的莎拉”（The Divine Sarah）。

缪塞的《洛伦萨丘》取材于历史真实事件。剧中，洛伦佐（Lorenzo）刺杀了他的公爵表哥，从暴政下解救了佛罗伦萨，可被他拯救的人民却反而将他刺死。洛伦佐忍辱负重所做的一切没有任何价值。这个戏有莎士比亚的影子，但结局比哈姆雷特高级多了。历史总是这样，除掉一个暴君，只会迎来另一个。海报中的莎拉·伯恩哈特女扮男装成英雄洛伦佐，书卷象征着计划，短剑隐喻着刺杀，暗藏在书底下的剑尖指向最上面的恶龙——残暴的亚历山大公爵。龙爪下的那个盾形徽章是美第奇家族的家徽。

穆夏，《洛伦萨丘》，1896 年—1900 年，克利夫兰艺术博物馆

《茶花女》是法国作家小仲马的代表作。似乎有不少事业刚刚起步的女明星都和茶花女玛格丽特一样，靠一份“特殊的工作”补贴生活，神选的明星伯恩哈特就是如此。一席优雅的白色长裙和披肩衬托出女主角的美貌与优雅，在海报的上部两边，被荆棘缠绕的心脏，意思就是谈感情太扎心了吧。

穆夏，《茶花女》，1896 年，波士顿艺术博物馆海报中的伯恩哈特扮演的是撒玛利亚女人福蒂娜。她抱着的水缸，象征着即将与耶稣的相遇。伯恩哈特的头部后面是希伯来文“耶和华”。之前读过点圣经，但里面的故事我一知半解。法国的朋友说巴黎有一个叫La Samaritaine的地方，原来是个有名的百货公司，不知道和这部戏剧有什么关系。

穆夏，《莎玛丽丹》，1897 年，芝加哥艺术博物馆

没有比爱更大的悲哀，当然没有爱也很悲哀。美狄亚的故事取自希腊神话，她帮助英雄伊阿宋取得金羊毛，并且双双乘船私奔。历尽艰辛回国后，伊阿宋却移情别恋，美狄亚极度悲愤，由爱生恨，杀死自己与伊阿宋所生的两个孩子，毒死伊阿宋的新欢，逃往雅典。这幅海报最经典的地方不仅仅是美狄亚的惊恐表情，还有她左臂上的蛇形首饰。伯恩哈特与乔治·富凯将穆夏的设计打造了出来，在表演中佩戴使用。

穆夏，《美狄亚》，1898年，纽约现代艺术博物馆

穆夏，《黄道十二宫》，1896 年—1897 年，芝加哥艺术博物馆

拜占庭女祭司身后的十二宫星盘代表时钟上的十二个小时，下面的两个角落里分别是太阳和月亮，其背后又添加了象征着白天的向日葵和象征着黑夜的罂粟。这幅作品的知名度要远超《吉斯蒙达》，作为日历诞生后，就被《鹅毛笔》（*La Plume*）杂志作为随刊的日历买断了版权，后期这幅画被当作母本反复出售版权，也因此添加了不同的内容。我有一位朋友临摹过这幅作品，他说穆夏是一个完美的对称狂魔，喜欢画画的朋友可以自己动手试试。

在《吉斯蒙达》的海报一夜爆红后，印刷公司邀请穆夏专门制作了价格感人的装饰版画。装饰版画也叫装饰面板，还记得小时候咱们爸妈放在屋里的大挂历吗？穆夏设计的第一套装饰版画主题就是“四季”，四个姑娘分别代表了一年中的四个季节，这

穆夏，《四季》，1897 年，芝加哥艺术博物馆

个系列特别抢手，他也连续设计了好几个不同版本。总感觉早期穆夏的作品会刻意地将女人的腰身拉长，当然这个我没准确测量过，只是觉得在现实生活中，这种比例的身材不太可能。

穆夏，《雏菊中的女孩》，1898 年—1900 年，
罗德岛设计学院博物馆

“新艺术运动”倡导的就是回归自然，从植物花卉中提取抽象的图案让人感受到日本浮世绘的影响，不过，三维空间二维化、平面镶嵌、单色平涂、轮廓使用粗线的手法还真挺适合海报印刷的。

穆夏，《伊万契采的回忆》，1909 年，波士顿艺术博物馆

不仅仅是宗教，欧洲各地的教堂有时候更像是当地的少年宫。教堂就是穆夏童年的艺术启蒙地。画面的背景是穆夏家乡的教堂塔楼，这个建筑也频繁出现在他的各类作品中，成群的燕子与双手合十的少女则表达了他对故乡的思念。

穆夏，《兹登卡・车尔尼 最伟大的波希米亚大提琴手》，1913 年，美国国会图书馆

1906年，穆夏全家移居美国，在芝加哥大学任职时，与同乡捷克裔音乐教授车尔尼成为好友。1914年，车尔尼的次女兹登卡到欧洲表演，穆夏特别为她绘制了一幅高达1.9米的巨型海报。画中年轻的兹登卡坐在百合花环与月桂花环之间，一手持琴，一手翻乐谱，显得优雅知性。但因为一战爆发，这份海报没有正式使用。

穆夏，LU LEFEVRE—UTILE 饼干，1904 年，波士顿艺术博物馆

从1896年开始，穆夏就开始为LU公司设计一系列产品。一个好的饼干广告应该诱发你买它的欲望，因为它散发出了一种香甜的味道。可是，看了这么多年的国内的各种广告，搞得我是越来越清心寡欲了。

穆夏，约伯牌香烟纸，1897 年，纽约现代艺术博物馆

穆夏，约伯牌香烟纸，1897 年，普林斯顿大学艺术博物馆

英国著名画家荷加斯在《美的分析》中指出：凡物体的轮廓由波浪线构成的都显得很美。曲线能“迫使眼睛去追逐它们”。海报中的女人手持香烟，十分享受地微闭双眼，侧脸仰头，缥缈的烟雾和卷曲的秀发使画面充满了诱惑。JOB系列海报设计被公认为穆夏商业广告海报的巅峰之作，而夸张的意大利通心粉式的长发也成为穆夏美女的一个重要标志。

穆夏、格罗斯曼，《奥匈帝国在 1900 年巴黎世界博览会》，1900 年，
普林斯顿大学艺术博物馆

两个少女的形象，前面略带羞涩的代表奥地利，后面的代表巴黎，面纱揭开，寓意着巴黎向世界展示奥地利。而奥匈帝国的象征，一只双头鹰隐藏在两位少女身后的背景中。海报的左侧和右上部的文字都是穆夏的手笔，右侧中部是建筑家格罗斯曼绘制的奥匈帝国建筑，右下的空白是预留填写各地到巴黎的路线指南。

穆夏，《的黎波里的公主：伊尔赛》，1897 年，克利夫兰艺术博物馆

因为很富有戏剧性，穆夏成名的各种细节被各种想象，也有夸大的成分，但穆夏本人非常确信是命运的眷顾让他遇见了“神选的莎拉”。出于感激之情，穆夏在戏剧《远方的公主》的图书版《的黎波里的公主：伊尔赛》中创作了上百张插图，并在书上写道：卓越的女星，衷心对莎拉·伯恩哈特致意。

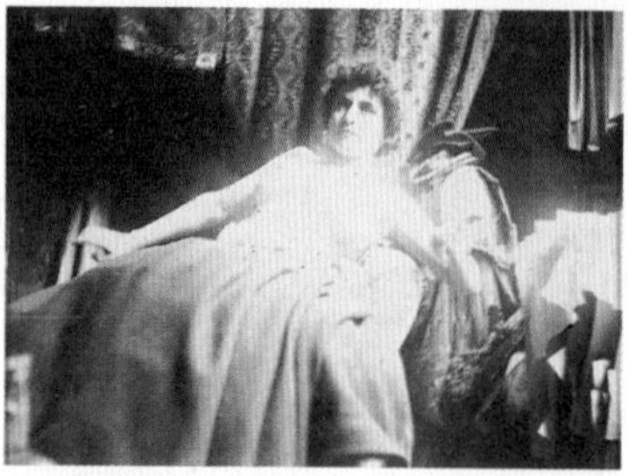

在巴黎长雇模特画画是很贵的，穆夏年轻时就养成了用照相机的习惯，先拍一堆各种姿势的照片，等后面画画的时候再慢慢参考，也因此，我们有了很多珍贵的历史资料。

上左图，穆夏，《莎拉·伯恩哈特》，约 1898 年，芝加哥艺术博物馆
上右图，绘制壁画的穆夏，波士顿艺术博物馆
中、下图，穆夏工作中的模特，波士顿艺术博物馆

穆夏，《斯拉维亚》，波士顿艺术博物馆

在美国期间，穆夏为布拉格的斯拉维亚保险银行设计了一份海报，斯拉夫女神手中握着一个象征斯拉夫民族统一的圆环，宝座上还装饰着两只和平鸽。之后，穆夏还以芝加哥富商克莱恩的女儿作为模特画成了另外一幅斯拉维亚女神像，构图一模一样，手中也举着圆环，而富商克莱恩就是日后穆夏创作《斯拉夫史诗》的赞助人。这个斯拉夫女神的形象非常经典，还出现在穆夏设计的捷克100克朗纸币上。

智慧，女王——爱丽丝卡

独立，国王——伊日·波杰布拉德

战斗，将军——杨·杰士卡

正义，宗教改革家——杨·胡斯

穆夏，《斯拉夫大团结》壁画（局部），1910 年—1911 年，波士顿艺术博物馆

创造力，贵族骑士——约翰·佩恩斯坦

警惕，霍多维族人——简·斯威特·科齐纳

坚韧，英雄——扬·洛哈奇·杜贝

忠诚，教育家——夸美纽斯

回到波希米亚后，穆夏在布拉格市民会馆的市长大厅创作室内壁画。8个支撑着穹顶的T形穹隅，绘制着波希米亚历史上的著名人物，象征着8种美德。

磨镜的少年

白雪公主的后妈，一个漂亮女人，一天向镜子问了个每个女人都会问的问题："魔镜，魔镜，谁是全天下最美丽的女人？"没想到镜子诚实地回答了，由此引发了一个很傻很天真的爱情故事，还便宜了一个出门打酱油的王子。镜子的发明本身是件神奇的事，很多故事里，镜子都被赋予了某种魔力。它让人类第一次看见了自己，知道了自己的样貌，也看到了很多眼睛看不到的东西；它让混沌的世界变得清晰，也带给人很多意想不到的错觉。这种感觉跟小说的气质很像，你创造了一个世界，当你写完了回到现实生活中，这个世界又合上了，而回头再翻一遍，世界可能又变了。

唐，鎏金银背跑兽十二生肖镜，圣路易斯艺术博物馆

有关十二生肖的起源，古代文献缺少确切记载，说法很多，现在基本上认为中国的十二生肖起于秦，成于汉，定于南北朝。前一阵子看了关于睡虎地秦简的资料，里面有一节关于十二生肖的记载：子，鼠也；丑，牛也；寅，虎也；卯，兔也；辰（原简没写生肖）；巳，虫（指毒蛇）也；午，鹿也；未，马也；申，环（据考证，环即为猿）也；酉，水（水读为雉，指的是野鸡）也；戌，老羊也；亥，豕也。翻来覆去，也没有猫，还是来得有点晚了，没赶上。

一、

我小时候是属于比较笨的孩子，就是学东西比较慢。我自己知道这点，就满怀歉意地学习新事物，尽量少给别人添麻烦。其实就这么慢半拍也很好，也平平安安。眼看着读书上学是不行了，为了让我有一个谋生的活计，家人就托关系，把我送到了一个道观里打杂。

世道越是艰难，香火就越旺。

道观里的出家人很多，道号也就供不应求，尤其是朗朗上口的好道号。观里面正式的人都有个“正”字，比如，“正一”“正二”“正三”……顺序已经排到了“正百”“正千”。我还在实习期，也就是打杂的阶段，所有的杂役都统一归“负局”管理，顾名思义，我们的名字中有一个“负”字，比如，“负一”“负二”“负三”。

为什么这么叫？

道观里的人说，咱家讲究的是阴阳调和，但本观没有女人，没有阴部，所以只能用负部。正负跟阴阳的意思是一样的。

管理负局的师父道号是“正太”，看不出年纪，但地位很高，因为他出现的时候，总是站在住持“正义”的边上，正太负责管理道观的一切应用之物。可能是因为道号的原因，我觉得正太不错，他分配给我的任务我也喜欢，就是磨镜。

我不解：正太师父，为什么咱们观里有这么多的铜镜？

师父说：工作需要。

我说：明白，仪容仪表。

师父答：此其一。其二为修行镜法，千亿里外，呼吸往还，乘云履水，出入无间。

我惊讶：这么神奇。

师父说：镜也分类，可随月昏明、能降妖镇邪，也有照见未来之镜和善恶因缘之镜。

我惊讶：哇，看个镜子就可以修仙了。

师父点头：哈哈，修行是大事，不是看镜子，要看缘分。

我连忙问：师父，您看我的缘分呢？

师父微笑：不可言。

我脑子虽然慢，但不至于傻，所以磨镜这项工作很适合我。铅锡粉蘸一点药水，搭配羊毛刷，我一会儿在铜镜上画一个“8”，一会儿在铜镜上画出一个“0”。

就这样，一连好几个秋天，有一位少年，在道观的大杂院儿里画了许多圈……

据我所知，观里有三类镜子最厉害。

第一面是住持正义师父的轩辕镜。此镜高悬在真武大殿的房梁上，据传是轩辕黄帝的头顶阳骨所制，人鬼神皆照。

只是它挂得太高了，视力不好的人看不见，不过有人说，此镜能见千里，能窥微尘，正义师父就靠它洞悉一切观中事物，什么都瞒不过去。

第二面是炼魔镜。在观里除了正太师父有一枚之外，正常、正确、正好等师父也有。此镜乃液金和玄铁所制，能炼魔除妖，镜中吸的妖气越重，镜面就越亮。

第三面就是照妖镜。道兄们几乎人手一个，镜子背面还有各种铭文咒语。照没照到妖我没见过，但他们自己倒经常对着照妖镜挤痤疮。

还有，除了一人一镜，道观里镜子密度最大的地方就是镜房。这是个神秘的地方，似乎从没见人进去过，房间长年挂锁。所以当正太师父让我去镜房磨镜的时候，我非常意外。

师父说：昨晚夜观天象，天下即乱，正义道长要进镜房卜卦，那房内的108面镜子，七天内，全部打磨一遍，药水等应用之物，观里已经给你准备好了。

我惊讶：108面，这么多。

师父说：都是观中诸位道友从各地苦心搜集而成，皆为天下凝练精气之物。

我说：可七天也太短了，有点来不及。

师父说：不能长了，多一日就多一日的风险。

我答：风险？

师父说：你有所不知，镜房乃咱家修炼镜法之所。连续七日的法事后，镜房内能见神仙，一示之后，心中自知千里之外，方来之事也。

我说：这不就是预知未来，不算风险呀。

师父说：哈哈，你并非修道之人，看了不该看的只会折损阳气。况且，镜光所射，看多了，也怕你眼睛不保。

我笑了：放心师父，我进去就把眼睛蒙上，磨镜这事，我闭着眼都能干。

师父点头：能胜物而不伤，如此甚好。

正太师父说过，这个世界上智商特别高和特别不高的人都是少数，不过平时也看不出来，但轮到做事情，就有人聪明有人笨。我属于毫无疑问的笨，因为日复一日，我发现自己做事的时候只会用最笨的方法。比如，我永远学不会统筹，在烧开水的时候去洗茶杯，我只会在烧开水的时候看着烧开水，在洗茶杯的时候洗茶杯。

所以，对于未来，我想过，知道了又有什么用呢？如果未来很好也就罢了，如果不好，那现在是不是直接去死更痛快？而且万一未来和今天一模一样，那再过这些日子又有什么意思呢？

只有那些聪明人才能知道了结果还能义无反顾，这我做不到。

我能做到的，就是磨镜。

我唯一担心的就是自己记错日子，在里面太久了有危险。所以，一进镜房，就用布条把自己的双眼蒙上。

摩擦、摩擦，我心爱的羊毛刷。不知道过了多久，我已经慢慢享受这份孤独了，直到我拿起了一枚角落里的铜镜。奇怪，这镜子居然是断过的，虽然拼合得很好，但我一上手，就知道它曾经残过。更奇怪的是，隐约中，我听见镜中有一个人向我走来，是个女人，脚步很轻。

我眼前一黑。

不……

我眼前一直就是黑的。

醒来的时候已经在观里的床上了，正太师父的声音飘来：你醒了。

我睁开眼睛的第一句话就是：我怎么在这儿了？

师父没接话，问：你看见了什么？

我说：什么都没看见，就是我拿起了一枚镜子，然后就什么都不记得了。

师父拿出了一面青鸾舞镜，说：是这面吧？负一和负二给你送饭的时候，见你晕倒了，手里就抱着它。

我说：可我明明已经把自己的眼睛蒙上了，还是能听到。

师父：你能听到？

我说：听到一个姑娘从镜子里走出来。

师父咳嗽了两下说：运气真好。嗯，我的意思是没想到你居然可以“镜听”了，运气是真好。

我说：师父，我还想再去镜房。

师父说：不用了，你这几天就可以下山了。

我说：啊，下山？您要赶我下山吗？

师父说：不，我和掌门道长都认为，现在到了你下山的时候了。

我说：我下山去哪儿呀？

师父说：去你该去的地方。

我说：那我该去……？

师父说：去找一个姑娘。

我说：我不明白。

师父说：有许多事情，师父我也不明白。不过这面青鸾舞镜已经告诉你了，自此寻山水，访至人。

我问：至人？

师父说：就是你听见的那位姑娘，去找她，此刻她也应该在找你了。

我问：她是谁？

师父说：双耳为“聂”，非视为“隐”，她叫“聂隐娘”。

我渐渐地长大，就发现了我有别人没有的功能，比如，我的耳朵很好使。

目光总是有局限，一堵高墙就能阻隔视线，而声音可以轻易穿透，所谓未见其人，先闻其声。而且，天下武功，唯快不破，可人再快，也快不过声音的速度，而一旦出招有了动作，想完全无声几无可能。

只要我愿意，我还能听见对面人的心跳，有快有慢，说谎的时候快，睡觉的时候慢。只是，我从来没想过，我居然可以听到镜子里的动静。

我问师父：我可以问您一些问题吗？

师父说：好。

我说：为什么我要去找那个叫“聂隐娘”的人？

师父说：那是你的未来。

我说：可人的未来不都是死吗？

师父说：死之前，还有很多事情要做。

我说：可我最想做的是“转正”呀。

师父说：转正、转负，皆为虚妄，就如同你日常镜中所见，负负就为正。

我说：我不懂。

师父说：是乘法，我还没教过你。

……

又说了几句，有点词不达意。一些很浅显的大道理在茶楼酒肆里说出来就是废话，可出现在寺庙道观这些神机玄妙的地方，听着就像是真理，道家的师父尤其爱这样。最后我问，师父，我还能回来吗？师父说，随时欢迎。

第二天，一早醒来。道观门口，几位负局的兄弟们相送。突然我发现，站在高高的道观围墙外，感觉也不错。当然，外面的世界也是有很多围墙的，只是它们往往无形，就给了你一种错觉，让你觉得很自由，处处碰壁总是免不了的。

与“负重”“负担”“负伤”一一道别后，正太师父说，临走前，这枚青鸾舞镜送给你，它与你有关。我说，跟我的未来有关吗？师父说，也跟你的过去有关，你问它就知道了。

我问：如何问？

师父说：直接问。

其实，我很想问一下镜子，天下到底谁是最美的女人，可是忍住了。我觉得这个问题还是私下问比较稳妥。于是，当着正太师父的面，我问：

“镜子，镜子，告诉我，我过去到底发生了什么？”

二、

看着跪在地上的美人，越国公杨素正在生气。

昨天晚上，府里一个叫红拂的丫鬟跟来家里喝酒的大胡子李靖私奔了。

这些年来，家里的女人是越来越多，一到春暖花开，杨素就感觉自己家是个大公园，好多姑娘成群结队地出来，吵得不行，也不知道都是哪儿来的，有的眼熟，有的就完全想不起来。都怪自己长年征战在外，疏于管理。

认真地想了想，杨素对这个红拂女就没什么印象。如果没人跟他说，有个丫鬟跑了，他自己根本就不知道，但既然知道了，就这么跑了，多少有点没面子。算了，那个李靖也是条汉子，自己少了个女人没什么关系，可今后李靖要是多了女人的牵绊，那就不好讲了。

哎，哪里来的哭声？

低头，眼前跪着一个女人，哭哭啼啼的像要断了气。杨素叹了口气，心想，女人真是烦，没事就流眼泪。不过，对这个女人他还是有印象的，她就是自己前一年带兵攻下建康后抢来的乐昌公主。那一仗，赢得漂亮，传说中江南的无敌水军真是不堪一击，一把火，全都灰飞烟灭。她那个没用的哥哥陈后主输了国家，后宫里的女人也都被瓜分了。

她为什么跪在这儿？

噢，想起来了，今天一大早，那个多事的管家跑来禀报，说公主最近一直对着一个破成两半的镜子偷偷哭，似有内情。多大的事呀。不过镜子破了，真是不吉利，杨素没好气地问：这个破镜子是谁的？

公主哭：我的。

杨素问：为什么哭？

公主说：主公，我忘了。

杨素说：你最好想起来，不然我没法让你走。

公主问：走？我还能走吗？

杨素说：当然，但你得给我一个理由。

公主说：那好，我就全说了。去年城破之时，此镜贱妾与夫君各执一半，约好侥幸得生，他日便到长安西市上卖残镜，以期相会。

杨素笑：原来如此，居然破镜重圆了，什么时候的事？

公主说：就在正月十五。

杨素说：你可以走了。

公主：……

杨素说：你不是想团聚吗？现在去找他吧。

公主大哭。

杨素却大笑了起来，他忽然开心了。昨天夜奔了一个红拂女，今天又放了一个破镜重圆的公主。呵呵，我杨素就是想让天下人都知道，这天底下什么样的女人我没见识过，什么样的女人我也都不稀罕。日后老子当了皇帝，是你们自己没皇后的命。

公主走了。看着她的背影，杨素叫来了管家。

杨素：管家。

管家：在。

杨素：今天晚上，再多备些好酒，我还要请人来喝，哈哈，人越多越热闹。

管家：是。

杨素：还有，明天派几个好手去西市，把卖镜子的都给我杀了。

——未完待续

注：

本篇构思于参观清华大学艺术博物馆的“扶桑止水——和镜展”后。

第一个故事取材于唐裴铏《传奇·聂隐娘》中所记：聂锋听完女儿隐娘被道尼带走学艺的经历后，“闻语甚惧。后（隐娘）遇夜即失踪，及明而返。锋亦不敢诘之，因兹亦不甚怜爱。忽值磨镜少年及门，女曰：此人可与我为夫。白父，父不敢不从，遂嫁之。其夫但能淬镜，余无他能”。

第二个故事来自唐孟棨《本事诗·情感》中所记：南朝陈将亡，太子舍人徐德言与妻乐昌公主恐国破后两人不测，破一铜镜，各执其半，约于他年正月望日卖破镜于都市，冀得相见。后陈亡，公主没入越国公杨素家。德言依期至京，见有苍头卖半镜，出其半相合。德言题诗云：“镜与人俱去，镜归人不归；无复嫦娥影，空留明月辉。”公主得诗，悲泣不食。素知之，即召德言，以公主还之，偕归江南终老。

唐，平螺钿花鸟背八角镜，正仓院（北仓）

青铜为镜身，红色琥珀为花心，施以螺钿花纹、玳瑁、贝壳镶嵌出宝相纹样，其间又镶嵌绿松石和青金石等细片，研磨后使其表面平滑，制作工艺尽显繁复奢华。复旦大学的韩昇教授说：把南海出产的夜光贝、东南亚出产的琥珀，特别是缅甸出产的红琥珀，以及中东出产的宝石、阿富汗的蓝宝石，巧妙地组合在一起……能用这么多国家的珍宝来构成中国图案，显然只有唐朝才能做到。

唐，平螺钿背圆镜，正仓院（北仓）

螺，是螺、蚌等贝壳类的总称；钿，是镶嵌用的金银宝石。螺钿二字结合，指的是用螺、蚌的外壳在漆器表面加以装饰的工艺。一个拥有想象力的盛唐时代将螺钿的技艺发挥到了极致。从唐贞观四年（630年）开始，日本在200多年间派出了19次3000余人的遣唐使，全面学习唐朝的制度和文化。在中华大地上早已难觅的唐宋风范，隔海相望却依稀可辨。今天大家能够看到的唐朝没有走样的文物，就在正仓院。

唐，漆背金银平脱八角镜，正仓院（北仓）

“平脱”即花纹平出的意思，先将金银箔片粘贴在素胎上，然后进行髹漆，反复打磨，使金银纹片露出来。由于纹片与漆面平齐，因此称作“金银平脱”。脱花纹的质料，不一定用金银，亦可用玉或宝石，胎也不一定用木胎，也可用金属。这种极为奢侈的物件是贵族的标配，寻常人家是无法想象的。

唐，金银平脱花鸟镜，克利夫兰艺术博物馆

唐《酉阳杂俎》说：安禄山恩宠莫比，锡赍无数，其所赐品目有……金平脱犀头匙箸、金银平脱隔馄饨盘……平脱著足迭子……银平脱破觚。就算在盛唐，平脱器也是极贵重之物，件件记录在案。这次赏赐发生在天宝十载（751年）正月初一，安禄山就是这天的生辰。人一旦有了二心，你给多少珍宝钱财也没用，因为人家要的是江山。安史之乱后，平脱器逐渐绝迹。肃、代两朝整饬奢侈之风，至德二年（757年）曾“禁珠玉、宝钿、平脱、金泥、刺绣”，大历七年（772年）又“诏诫薄葬，不得造假花果及金手脱、宝钿等物”。

唐，鎏金银背鸟兽镜，克利夫兰艺术博物馆

金背镜基本都为菱花形。唐代喜欢新鲜时尚的东西，奢侈不一定最好，但最好的一定是奢侈的。唐玄宗的生日是八月初五，开元十七年（729 年）定这天为“千秋节”。千秋节里，勋贵们要进献“金镜”，而玄宗也向四品以上的达官赐“金镜”。白居易有诗：君出臣奉行，谓之握金镜。诗中以“金镜”来比喻正道。安史之乱后，那种“宝镜群臣得，金吾万国回”的千秋场面已不复存在，有诗：“自罢千秋节，频伤八月来。先朝常宴会，壮观已尘埃。”大户人家是真的破落了。

唐，金背瑞兽葡萄纹镜，普林斯顿大学艺术博物馆

唐代有以铜镜作为礼物的风气，兄弟之间互相馈赠，顺便写个诗留个念。夫妻之间也一样，铜镜算是当时的必备嫁妆之一，比直接随礼钞票高级多了。盛唐时期的铜镜工艺复杂，贴金银、鎏金、镶嵌手法多样，题材也丰富。瑞兽葡萄纹就是盛唐时期最华丽、最流行的纹饰之一。“瑞兽”也叫“海兽”“海马”，形象似狮非狮、似马非马。葡萄也是舶来之物，葡萄纹饰在古波斯、拜占庭帝国广为流行。一个小小的镜子就这么多元，那个时代该有多好玩。

唐，黄金琉璃钿背十二棱镜，正仓院（南仓）

这件明显有大唐风韵的宝镜作为圣武天皇的遗物在756年被东大寺收藏。唐朝有这么高的工艺让人觉得不可思议。它究竟是出自大唐还是其他地区？什么时候到的日本？没有任何答案，因为这个世界就剩下它一件，孤品。

唐，宝相花铭带镜，圣路易斯艺术博物馆

此镜的内区装饰有六个圆形的宝相花纹饰，外圈铭文是诗人庾信的《镜诗》：“玉匣聊开镜，轻灰暂拭尘。光如一片水，影照两边人。”这种宝相花铭带镜，一般流行于隋和唐初。宝相花也不是一种花，而是很多花卉元素的提炼重组，是一种符号，也是唐人喜欢雍容华贵的吉祥象征。

唐，真子飞霜葵花镜，克利夫兰艺术博物馆

历来人们对“真子飞霜”四字的理解，众说纷纭。真子是谁？飞霜是什么？但这类镜子的元素是固定的。龟钮的上方是祥云托月，下方是池水山石，池中生出一枝莲叶，即为钮座。钮的左侧是一片竹林，林外有一人席地而坐，长袍宽袖，膝上横琴，面前有长方形几，有笔砚等物；右侧有一只凤鸟展翅起舞。外圈铭文上有四十字：凤凰双镜南金装，阴阳各为配，日月恒相会，白玉芙蓉匣，翠羽琼瑶带，同心人，心相亲，照心照胆保千春。从铭文上看，这应该是一对镜，有两个。

唐，三乐镜，克利夫兰艺术博物馆

《列子·天瑞》中说：孔子游泰山，见到了隐士荣启期，身穿鹿皮袄，腰系绳索，一边弹琴，一边唱歌。孔子好奇地问：“先生为何如此快乐？”荣启期答：“吾乐甚多。天生万物，唯人为贵，而吾得为人，是一乐也。男女之别，男尊女卑，故以男为贵，吾既得为男矣，是二乐也。人生有不见日月、不免襁褓者，吾既已行年九十矣，是三乐也。”此镜又称“孔子问答镜”。镜钮左右分别为孔子与荣启期，钮上方为楷书九字铭文“荣启奇问曰答孔夫子”。

唐，八枝盘鉴图回文镜，圣路易斯艺术博物馆

隋末，群雄并起，道士们也积极参与了夺取政权的斗争。他们制造舆论，扬言“奉老君之旨”“李氏将兴，天祚有应”，而李渊也为了神话自己的“天命”，支持道教的发展，颁布“先道诏令”，崇道抑佛。唐高宗即位后，追尊老子为“太上玄元皇帝”，在科举考试中也加试《老子》。唐玄宗更是崇信道教，亲自注释《道德经》。其实，李唐王朝很多皇帝的死亡与服用道教的仙丹有直接关系，嗑药嗑疯了的不在少数，但他们还是一个个“前仆后继”。

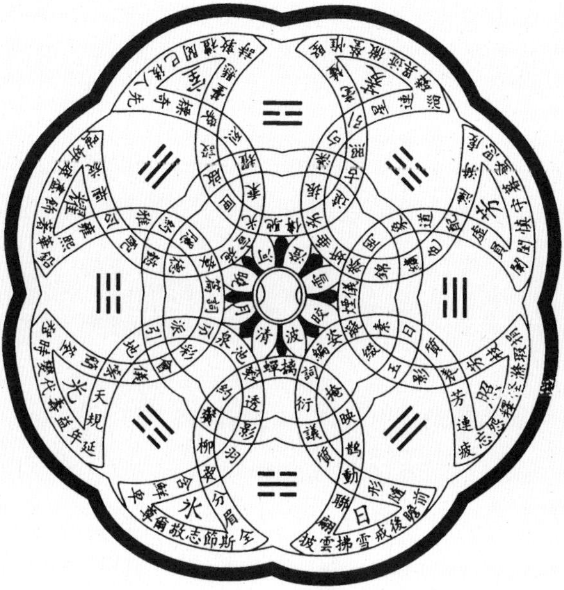

鞶鉴图，又名八花转轮钩枝鉴铭

据传原创者是一位初唐的南海奇女子。该镜图由外圈、中圈和内圈三组文字构成。内圈八字，环绕镜钮；中圈镜铭也是八字，位于纹饰之间，文字按照圆形向心排列，不分首尾；外圈的百余字更是奇妙，利用回环往复的铭带形状，巧妙排列文字，或向左旋读，或向右旋读，构成了若干首回文诗。比如："寿益年延""己后人先"，反读的时候就是"延年益寿""先人后己"。

后记

这些年，我去过不少博物馆，也看了很多展览，我发现人们对博物馆的了解既比想象中要多，又比许多人自认为的要少。如果在通往西域的路上，发生过一万次的物品流动，才会有一首诗歌被记录下来，你却只按“参观”的方式认识它们，不遗憾吗？

本来这次的记录有十篇，但是想着要给系列的下一本留个种子，最后完成的《小河公主》就先抽去了，剩下的九篇经过整理，体例上更趋一致了。唯一争议的是《磨镜的少年》，我记得当时和搭档从清华艺博看完铜镜展出来，就说能不能用不一样的方法表达一下。那会儿我手头正写着一个小说，于是就改编了之前看过的唐传奇，再加上了自己的想象，或许有一天完成，或许就是这样，虚实之间，大家就把它当小故事看吧。

其余的大部分，可以算散文，其实如何去定义其文体并不重要，希望不是论文就行。就像常去夜店的人想要夜夜笙歌很容易，常去博物馆看展的朋友，找出几件东西说出个一二三也不困难，不过是不是乐在其中就只有自己知道了。仔细想想，我无非试图借助几个“不那么游客”的展览，做个自作多情的表白，没有忧国忧民，纯是个人感受：

地中海帕埃斯图姆的跳水者一跃而下冥河，激起了神奈川冲浪里的浪花，也让那一抹普鲁士蓝彻底改变了世界艺术史。亚历山大大帝将柏拉图歌颂的雅典之爱，带到了散发着香气的犍陀罗，这片释迦从没来过的土地就是佛像诞生的故乡。我没有魔镜，也不是穆夏，所以我不知道这个世界上最美的姑娘到底长什么样，只能幻想。而幻想和真实之间的距离，就像是凡人无论如何也插不上的那对翅膀，永远无法感同身受飞翔的快乐。还好，作为一个成年人，我最大的同理心，就是可以接受这个世界的不同，十指春风的缂丝织绣有多繁复，庶民的浮世生活就有多快活……

幼稚地说吧，看的展越多，听的故事越多，写的字越多，就越让我清晰了一个想法：我就是要这么活下去的。

别问这一切有什么特殊意义，我不知道，我只知道做一些没有意义的事，有时候是很有意思的。当我们住在山洞里的时候，在墙上画画，难道是为了名垂青史？它就是有趣吧。这个世界，有趣的事太多了，有生之年应该东张西望。

先不说这理儿对不对，我一直认为好玩是最重要的，当然这其中，有的写得很烂，也有的写得挺自得，凡是个体，就总有局限，我只是在做自己喜欢的事情而已，也希望更多的读者能喜欢。

一个人的博物馆，慢慢看，就像等着下一个烟花升起，心潮澎湃。

董彬

2020年6月16日

参考书目

· [英]卡罗尔·梅弗，《幽蓝之神：一种色彩的自我拆解》，焦晓菊译，上海人民出版社，2015年。

· [法]米歇尔·帕斯图罗，《色彩列传：蓝色》，陶然译，生活·读书·新知三联书店，2016年。

· [法]米歇尔·帕斯图鲁、[法]多米尼克·西蒙内，《善变的色彩：颜色小史》，李春姣译，重庆大学出版社，2017年。

· [英]菲利普·鲍尔，《明亮的泥土：颜料发明史》，何本国译，译林出版社，2018年。

· 刘畅、刘梦雨，《中国建筑史论汇刊·第壹拾陆辑：清代“洋青”背景下匠作使用普鲁士蓝情况浅析》，中国建筑工业出版社，2018年。

· 纪娟、张家峰，《中国古代几种蓝色颜料的起源及发展历史》，《敦煌研究》，2011年第6期。

· 童文娥主编，《缂织风华：宋代缂丝花鸟展图录》，台北故宫博物院，2009年。

· 童文娥主编，《十指春风：缂绣与绘画的花鸟世界》，台北故宫博物院，2015年。

· 黄能馥、陈娟娟，《中国丝绸科技艺术七千年：历代织绣珍品研究》，中国纺织出版社，2002年。

· 尚刚，《隋唐五代工艺美术史》，人民美术出版社，2005年。

· 贾应逸，《新疆丝织技艺的起源及其特点》，《考古》，1985年第2期。

· 王浩然，《中国缂丝工艺之美》，《收藏》，2010年第3期。

· 严勇，《中国古代的缂丝艺术》，《收藏家》，2005年第7期。

· 朴文英，《缂丝》，苏州大学出版社，2009年。

· 刘安定、李强、邱夷平，《中国古代丝织物织款研究》，《丝绸》，2012年第5期。

· 张瑞，《略论宋代妇女的社会地位》，《广西教育学院学报》，2006年第5期。

· 茶乌龙主编，《知日 · 再发现，浮世绘》，中信出版社，2019年。

· 俞天任，《冰眼看日本》，语文出版社，2009年。

· [日]高阶秀尔，《审视日本美术之眼》，岩波书店，2009年。

· [日]冲浦和光，《"恶所"民俗志：日本社会的风月演化》，张博译，上海三联书店，2015年。

· 刘金才，《町人伦理思想研究：日本近代化动因新论》，北京大学出版社，2001年。

· 刘晓路，《日本美术史话》，人民美术出版社，1998年。

· 李长声，《浮世物语》，上海书店出版社，2007年。

· [日]秋山光和，《日本绘画史》，常任侠、袁音译，人民美术出版社，1978年。

· 孟庆金、[美]路易斯 · M. 恰佩，《古鸟：恐龙时代的中国古鸟类》，化学工业出版社，2018年。

· 王敏、周忠和，《简说羽毛化石的研究》，《自然杂志》，2011年第2期。

· 李志恒、张玉光、周忠和，《鸟类飞行起源的研究》，《自然杂志》，2008年第1期。

· [意]加布里埃尔 · 楚赫特雷格、[意]弗朗切斯科 · 乌利亚诺 · 谢尔扎、[意]达尼埃莱 · 罗塞蒂，《彩绘地中海：一座古城的文明与幻想》，河北教育出版社，2019年。

· [美]琼 · R. 默滕斯，《如何解读希腊陶瓶》，汪瑞译，湖南美术出版社，2019年。

· [美]威尔 · 杜兰特，《世界文明史：希腊的生活》，天地出版社，2017年。

· [古希腊]希罗多德，《历史》，王以铸译，商务印书馆，2005年。

·《古希腊抒情诗选》，水建馥译，人民文学出版社，1988年。

·[德]利奇德，《古希腊风化史》，杜之、常明译，辽宁教育出版社，2000年。

·[法]米歇尔·福柯，《性经验史》，余碧平译，上海人民出版社，2002年。

·[英]保罗·卡特里奇主编，《剑桥插图古希腊史》，郭小凌等译，山东画报出版社，2005年。

·付晓倩，《古希腊食鱼风俗的历史考察》，《农业考古》，2015年第1期。

·唐卉，《希罗多德的神话历史观》，《中国比较文学》，2018年第4期。

·胡继华，《以史为诗：把历史读成科幻小说》，《中国图书评论》，2019年第4期。

·赵艳，《渗透与浸染：犍陀罗艺术中的希腊因素》，《青海民族研究》，2017年第1期。

·谢晓毅，《希腊历史上的"东方化时代初探"》，重庆西南大学，2006年。

·孙英刚、何平，《犍陀罗文明史》，生活·读书·新知三联书店，2018年。

·[日]栗田功，《大美之佛像：犍陀罗艺术》，唐启山、周昀译，文物出版社，2017年。

·黄春和，《佛教造像艺术》，河北省佛学院，2001年。

·寇勤主编，潘公凯、王鲁湘等著，《嘉德讲堂（第一辑）》，中华书局，2016年。

·湖北省博物馆，《佛像的故乡：犍陀罗佛教艺术》，文物出版社，2017年。

·季羡林，《罗摩衍那》（七）第二十四卷，人民文学出版社，1984年。

·季羡林，《中印文化交流史》，生活·读书·新知三联书店，1982年。

·[法]阿·福歇，《佛教艺术的早期阶段》，王平先、魏文捷译，甘肃人民出版社，2008年。

·[英]约翰·马歇尔，《犍陀罗佛教艺术》，许建英译，新疆美术摄影出版社，1999年。

·[日]宫治昭，《印度佛教美术系列讲座——第二讲·犍陀罗佛教美术》，王云译，《艺术设计研究》，2012年第1期。

·心举，《新发现犍陀罗佛教经卷略探》，《普陀学刊》，2019年第1期。

·白文，《从缘起到广布——古印度佛教艺术》，陕西师范大学出版总社有限公司，2010年。

·常任侠，《印度与东南亚美术发展史》，安徽教育出版社，2006年。

· 闫飞、李勇，《犍陀罗佛传艺术的多辩之源》，《美术与设计》，2019年第2期。

· 张敏，《阿富汗文化和社会》，昆仑出版社，2007年。

· 张迪，《浅析早期犍陀罗佛教雕塑中的希腊因素》，《美术大观》，2008年2期。

· 邵莉媛，《从商业插画到民族史诗——穆夏的慕尼黑岁月（1885—1887）》，《美术观察》，2019年第6期。

· [日]佐藤智子，《慕夏》，王语微译，北京美术摄影出版社，2017年。

· 姚相君，《承上启下的丰碑——解析阿尔丰斯·穆夏装饰艺术特色》，《美苑》，2009年第2期。

· 穆夏基金会（http：//www.muchafoundation.org）。

· 高兵强，《新艺术运动》，上海辞书出版社，2010年。

· 王受之，《世界平面设计史》，中国青年出版社，2002年。

· 尚刚，《唐代的特种工艺镜》，《南方文物》，2008年第1期。

· 范淑英、杨兵，《唐诗所见唐代铜镜的流通及与考古资料的印证》，《考古与文物》，2010年第3期。

· 《中国大百科全书·考古学卷·铜镜》，中国大百科全书出版社，1986年。

· 罗海明，《唐神仙人物故事镜》，《收藏》，2007年第5期。

· 沈从文，《铜镜史话》，万卷出版公司，2005年。

· 王纲怀、孙克让，《唐代铜镜与唐诗》，上海古籍出版社，2007年。

· 曾甘霖，《铜镜史典》，重庆出版社，2008年。

· 刘宁，《铜镜知识三十讲》，荣宝斋出版社，2004年。

图书在版编目（CIP）数据

慢慢看 ：一个人的博物馆 / 董彬著 . — 北京 ：文津出版社，2021.3

ISBN 978-7-80554-736-7

Ⅰ. ①慢… Ⅱ. ①董… Ⅲ. ①博物馆—历史文物—世界—普及读物 Ⅳ. ① K86-49

中国版本图书馆 CIP 数据核字（2020）第 158659 号

总 策 划：安　东　高立志
统　　筹：司徒剑萍
责任编辑：司徒剑萍　李更鑫
责任印制：陈冬梅
装帧设计：林海波

慢慢看：一个人的博物馆
MANMAN KAN: YI GE REN DE BOWUGUAN
董彬　著

出　　版：北京出版集团
　　　　　文津出版社
地　　址：北京北三环中路 6 号
邮　　编：100120
网　　址：www.bph.com.cn
发　　行：北京出版集团
印　　刷：北京华联印刷有限公司
经　　销：新华书店
开　　本：880 毫米 ×1230 毫米　1/32
印　　张：8.875
字　　数：155 千字
版　　次：2021 年 3 月第 1 版
印　　次：2021 年 3 月第 1 次印刷
书　　号：ISBN 978-7-80554-736-7
定　　价：88.00 元